RENATE FERRARI

# Fantasie für kleine Hände

CHRISTOPHORUS

# Inhalt

## Aus der Natur

## MIT PAPIER & PAPPE



## IM REICH DER FARBEN

## STOFFE & RESTE

# Wenn ein Traum Wirklichkeit wird

## Der Traum vom Fliegen

Verträumt steht Melanie im Garten und schaut einem Schmetterling zu, der von Blume zu Blume fliegt. Melanie setzt sich ins Gras, sie blickt noch immer auf die Blumen, obwohl der Schmetterling längst nicht mehr zu sehen ist.
„Wenn ich doch fliegen könnte!" denkt Melanie. In ihrer Fantasie fühlt sie sich auf einmal federleicht und fliegt von Blume zu Blume weit über den Garten. Mit ausgebreiteten Armen segelt Melanie den Gartenweg entlang. Dabei kommt ihr eine neue Idee. Sie läuft ins Haus, holt Papier und Schere und beginnt zu falten und zu schneiden. „So müßte es klappen", sagt Melanie nach einer Weile und gibt ihrem Papierschmetterling einen Schubs, daß er losfliegen kann. Doch anstatt leicht dahinzusegeln, fällt er plump zu Boden. „Klappt doch nicht", murmelt Melanie. Wieder und wieder probiert sie es. Schließlich hat sie es geschafft: Kleine Schleifen ziehend, schwebt ihr Schmetterling durch die Luft und zu Boden.
Melanie ist zufrieden.
„Ein kreatives Mädchen", denke ich, als ich die „Flugversuche" beobachte. Und erst gestern habe ich gesehen, wie Melanie sich abmühte, allein in den Apfelbaum zu steigen. Letztendlich schaffte sie es mit Hilfe ihres Springseils und einer alten Obstkiste …
In beiden Beispielen hat Melanie Fantasie und Kreativität bewiesen.
Oder? Ist das wirklich schon Kreativität?

## Kreativität und Fantasie – was ist das?

Tatsächlich gehen die Meinungen über den Begriff „Kreativität" weit auseinander: Während die einen meinen, Kreativität sei eine Gabe, die nur Künstlern, insbesondere Malern, Bildhauern und Kunsthandwerkern gegeben ist, sind andere davon überzeugt, daß bereits jeder, der aus einer Blechbüchse ein Instrument baut, kreativ ist.
Und was ist mit unseren Kindern? Gehören sie nicht von vornherein mit all ihrer Fantasie und Entdeckerfreude zu den ganz Kreativen?
Für mich bedeutet Kreativität, fantasievolle und schöpferische Ideen zu haben und diese zu gestalten. Die Gestaltung kann vielfältig sein: Sie kann in Tönen (Musik), in Farben (Malerei), in Formen (Skulpturen und Gegenstände), in Mimik und Gestik (Theater, Pantomime, Tanz), auch in Farben und Formen gemeinsam (Gerätschaften, Schmuck, Spielzeug) Gestalt annehmen, um nur einige Beispiele zu nennen.
Kreativ sein bedeutet auch auf Entdeckungsreise gehen, spielen und experimentieren, Dinge verwandeln und für Versuche und Irrtümer offen sein.
Und Fantasie? Sind Fantasie und Kreativität nicht das gleiche?
Nun, Fantasie ist keine Realität.
Sie ist ein geistiges Bild, eine Vorstellung. Fantasie ist für andere nicht sichtbar, nicht faßbar, nicht hörbar.
Erst die Kreativität gibt unserer Fantasie Gestalt, läßt Fantasien zu Realitäten werden, die wir sehen, fassen, hören können.
Somit stehen Fantasie und Kreativität in engem Zusammenhang. Ohne Fantasie gibt es keine Kreativität.

## Auch Not macht erfinderisch

Die vielen Erfindungen und Innovationen, die das Leben der Menschen ständig verändert haben und verändern, wären ohne Fantasie und Kreativität nicht denkbar.
Zugegeben, viele Erfindungen wurden aus einer Notlage heraus gemacht. Doch zeugen nicht gerade diese von Kreativität?
Kreative Menschen hat es immer gegeben. Schon allein aus dem Bestreben heraus zu überleben, haben die Menschen Kreativität entwickeln müssen. Das zeigen beispielsweise die ersten Werkzeuge, die vor einer Million Jahren geschaffen wurden, oder die Entdeckung des Feuermachens vor etwa 500 000 Jahren.
Wir kennen aber auch Erfindungen und Erneuerungen, die nicht aus einem Problem, sondern nur aus einer Anregung, einer Fantasie, einer Stimmung heraus entstanden sind oder aus dem Bestreben der Menschen, sich das Leben angenehmer zu gestalten. Auch hier können wir bei unseren Kindern so manches abschauen. Während sich ein Erwachsener abmüht, einen kurzen steilen Abhang auf zwei Beinen hinunterzugehen, setzen sich Kinder auf den Hosenboden oder gehen in die Hocke und rutschen den Hang mit dem größten Vergnügen hinab. Ganz klar, daß sie dabei schneller als wir unten ankommen und stolz auf ihre Leistung sind. Oder denken wir nur an das Kostümieren zur Fastnachtszeit oder an kleine Rollenspiele. Kinder sind dank ihrer Fantasie und Kreativität oft viel schneller und origineller verkleidet als wir Erwachsene.

# Warum Kreativität und Fantasie so wichtig sind

## Der kreative Prozeß

Kreativ und fantasievoll sein, das heißt:

- ein Problem selbständig erkennen,
- sich fragen, wie es gelöst werden könnte,
- sein Wissen, seine Erfahrungen in diese Überlegungen einbringen,
- eine Lösung anstreben, auf ihre Brauchbarkeit hin überprüfen und dann tatsächlich umsetzen.

In der Kreativitätsforschung bezeichnet man diese Teilschritte als „die vier Phasen des kreativen Prozesses".

## Neue Wege suchen, sehen, gehen

Kreativität und Fantasie befähigen uns, neue Wege zu suchen, zu sehen und zu gehen – auch im menschlichen Miteinander.

Was heißt das mit Blick auf unsere Kinder?
Fantasie und Kreativität zeigen sich zum Beispiel darin, wie Kinder mit anderen Kindern umgehen. Ein Kind, das friedlich mit anderen spielen kann, ist kreativ. Bei Konflikten erkennt es das Problem und sucht nach Lösungen.
Auch beim Basteln, Malen oder Experimentieren können wir diese Kreativität beobachten: Beim Malen stellt das Kind vielleicht fest, daß ihm Violett fehlt. Was ist zu tun? Schnell ein neues Farbtöpfchen holen ist nicht möglich. Aus eigener Erfahrung weiß das Kind, daß sich Farben auch mischen lassen und so neue Farbtöne entstehen. Gleich probiert es diese Lösungsmöglichkeit aus. Es klappt!
Aus Rot und Blau wird Violett.
Oder es fehlt ein Stall, um Bauernhoftiere unterzubringen. Doch aus Pappe oder Holz läßt sich einer bauen.
Oder wenn das Kind schnell und ohne Geld auszugeben ein Geschenk für die Großmutter möchte, kann es aus vorhandenem Material und mit Fantasie Neues schaffen.
Kreativ sein, das bedeutet: neue Wege suchen, sehen und gehen.

## Den Weg alleine finden

Wichtig, ja sogar grundlegend für die Kreativitätsförderung ist es, daß wir den Kindern nicht sofort alle Probleme aus dem Weg räumen oder ihnen vorschnell Lösungen anbieten. Beispielsweise sollten wir einem Kind beim Malen mit Wasserfarben nicht von vornherein alle Farbtöne bereitstellen oder darauf hinweisen: „Mische Rot und Blau, dann hast du Violett!" Wir sollten, wenn dem Kind ein Stall für seine Tiere fehlt, natürlich auch nicht gleich mit einem Holzkistchen dastehen, aus dem ein Stall gebaut werden kann.
Das Kind muß die Möglichkeit haben, selbständig mit einem Problem umzugehen, darüber nachzudenken, Lösungsmöglichkeiten auszuprobieren oder Informationen einzuholen. ErzieherInnen und Eltern sind oft, weil sie es gut meinen, zu sehr bemüht, ihren Kindern zu helfen – aber langfristig erreichen sie das Gegenteil dessen, was sie möchten. Nur durch den oben beschriebenen Prozeß können Kinder zur „rettenden Idee" gelangen – auch wenn sie länger brauchen. Nur wenn wir ihnen die Chance zum kreativen Prozeß lassen, helfen wir ihnen in ihrer Entwicklung, befähigen wir sie, selbständig zu denken, zu arbeiten, Probleme zu lösen.

# Wie können wir Kreativität und Fantasie fördern?

### „Ich seh´ etwas, was du nicht siehst"

Fantasie bietet aber noch mehr: Sie läßt andere Wahrnehmungen zu! So sieht der fantasielose und zur Kreativität unfähige Mensch in einem Kreis einfach nur einen Kreis. Derjenige, der Fantasie besitzt, sieht hier mehr: einen Ring, einen Reifen, einen Mond, eine Münze, einen Teller ... Allein solche Wahrnehmungen eröffnen einem Menschen ganz neue Lösungswege! Fantasie und Wahrnehmung machen außerdem empfindsam für die eigenen Gefühle und für die Gefühle anderer. Auch aus diesem Grund ist es wichtig, daß ErzieherInnen und Eltern Kinder nicht zu früh zur Vernunft erziehen, denn mit Vernunfterziehung verkümmert diese Sensibilität und auch „die Welt um uns herum".

### Glück, Erfolg und Lebensfreude

Indem wir als ErzieherInnen und Eltern die Kreativität des Kindes erkennen und respektieren, fördern wir es in seiner Selbständigkeit, befähigen es, sich an Neues heranzuwagen, schon Vorhandenes in Frage zu stellen, Gegebenes weiterzuentwickeln.
Lebendige Fantasie und Kreativiät stärken und steigern das Selbstwertgefühl und fördern die Intelligenz – sofern Eltern und ErzieherInnen die Kreativität und Fantasie des Kindes erkennen und respektieren.
Kurz: Kreativität und Fantasie befähigen unsere Kinder, lebenstüchtig zu werden; ihr Leben später einmal selbständig in die Hand zu nehmen, Problemen nicht aus dem Weg zu gehen, nach Lösungen zu suchen. Und sie schenken Kindern Glücksgefühle, Erfolg, Lebensfreude. Was wünschen wir unseren Kindern mehr?!

### Aufforderungen, kreativ zu werden

Wir können vieles unternehmen, um Kinder in ihrer Kreativität und Fantasie zu fördern; dazu müssen Kinder nicht erst in eine „Notlage" geraten oder auf ein Problem gestoßen werden.
Denn nicht nur Probleme drängen den Menschen, schöpferisch zu sein, sondern auch Eindrücke, Vorstellungen und eigene Gestaltungswünsche. Anlässe und Feste wie Geburtstage, Advent, ein Sommerfest oder ein Basar im Kindergarten regen Kinder an, kreativ zu werden. Das gleiche gilt für viele Dinge aus dem persönlichen Umfeld.
So wie Farben geradezu auffordern, etwas zu malen, kann ein Musikinstrument Anreiz sein, eine eigene Melodie zu schaffen. Bunte Stoffreste mögen das Kind anregen, daraus eine einfache Zipfelmarionette zu gestalten, mit Stoffstreifen einen kleinen Flickenteppich zu weben oder etwas ganz besonders Fantasievolles zu entwerfen, wovon wir vielleicht gar keine Vorstellung haben. Dabei kommt es nicht auf die Perfektion an, sondern auf die Energie und Freude, die das Kind aufbringt, um Neues zu schaffen. Denn der Weg ist das Ziel!
„Schätze" wie Steine, Holz, Papier oder große und kleine Kartons fordern das Kind auf, schöpferisch aktiv zu werden, den Materialien eine neue Gestalt zu geben. So können die Kinder aus den verschiedensten Materialien nach eigenen Vorstellungen und eigenhändig Spielzeug, Spielmaterial, Geschenke oder auch Raumschmuck herstellen.

### Zum Wahrnehmen anregen

Wir können Kindern immer wieder besondere Anreize schaffen, Dinge wahrzunehmen – auch solche, die zunächst leblos und uninteressant erscheinen: zum Beispiel auf einem Spaziergang oder Stadtbummel alte Hausfassaden aufmerksam betrachten oder auch Kunstdenkmäler, einen gewaltig großen Baum, bunte Herbstblätter, trockene Äste und Wurzeln, einen leise plätschernden Bach ... Oder ein Museum besuchen. Gerade ein Völkerkundemuseum und ähnliche Einrichtungen zeigen den Kindern, wie unsere Vorfahren oder alte Naturvölker Werkzeuge und Hausgeräte „gebastelt" haben. Dies spornt Kinder oftmals an, Ähnliches anzufertigen, da die Geräte einfach sind und die Bauweise gut durchschaubar ist. Solche „Vorbilder" (Werkzeuge, Geräte, Kunstobjekte jeglicher Art) regen die kreative Kraft des Kindes an. Auch für Kunstmuseen sind Kinder offen, wenn sie spüren, daß wir ebenso Interesse zeigen und sie nicht in ihrer Konzentration und ihrem Aufnahmevermögen überfordern.

## Mit Ruhe, Zeit und viel Vertrauen

Kinder zur Kreativität zu führen heißt dennoch nicht, nur Materialien zum Basteln und Gestalten bereitzustellen und Anreize zu schaffen. Es bedeutet auch, den Kindern Zeit und Ruhe zu gönnen, damit sie mit dem Material vertraut werden, experimentieren und spielen können, und zwar nach eigenen Vorstellungen und so lange, wie sie es für nötig halten.
Kinder sind offen für alles, was neu ist oder ihnen interessant erscheint. Das ermöglicht ihnen auch, Erfahrungen zu sammeln, Wissen zu speichern. Wir sollten nicht versuchen, diese Entwicklung zu beschleunigen, indem wir den Kindern unsere Erfahrungen, unser Wissen „überstülpen", sondern Vertrauen in sie setzen. Wir sollten die Kinder nicht – aus lauter Angst und Fürsorge und mit dem Hintergedanken, ihre Intelligenz zu fördern – in dieser wichtigen Entwicklungsphase behindern.
Schenken wir der Fantasie der Kinder und ihrer Kreativität mehr Vertrauen, auch das fördert ihre Entwicklung.

## „Das schaff´ ich schon!"

Zur Kreativität gehören auch Wagnis, Mut und Vertrauen in die eigenen Fähigkeiten – das Vertrauen, daß man die Sache schon irgendwie schaffen wird. Deshalb ist es wichtig, daß wir unsere Kinder immer wieder ermutigen, sie in ihrem Vorhaben ernsthaft unterstützen und stärken. Für Kinder ist das Bewußtwerden der eigenen Fähigkeiten eine gute Basis für ein gesundes Selbstwertgefühl und dies wiederum eine gute Grundlage für die Kreativität. Selbstbewußte Kinder haben Vertrauen in ihre Fähigkeiten und spüren „Das schaff´ ich schon!"

## Es geht auch ohne Verbote

Den Mut eines Kindes, ein Wagnis einzugehen, Vertrauen in die eigenen Fähigkeiten zu gewinnen, können wir unterstützen, indem wir nicht ständig Verbote, Gebote oder Belehrungen aussprechen und seine Aktivitäten nicht dauernd unter Kontrolle halten. Gut gemeinte Aussagen wie „Vorsicht, du tust dir weh" oder „Verschmiere nicht alle Farben im Farbkasten", „Paß auf! Deine Hose!" lassen die Lust, kreativ zu sein, schnell schwinden. Wir zerstören die kreative Grundhaltung des Kindes und erziehen es zur Anpassung. Der andere Weg führt nicht etwa ins Gegenteil, ins Chaos. Kinder benötigen keinen Zwang, keine Belehrungen, um die Normen unserer Gesellschaft zu lernen. Der Wille und die Energie der Kinder sind groß, uns nachzuahmen, uns zufriedenzustellen, uns Freude zu machen, so zu werden wie wir. Auch darauf können wir vertrauen. Unsere Art zu leben ist für sie Vorbild.
Wir sollten den Kindern Anreize geben, daß sie eigene Erfahrungen machen und so kreativ sein können, wie sie es möchten.

## Wertschätzung und liebevoller Umgang

Die Fantasien und die Kreativität, die Kinder auf ihre Art zum Ausdruck bringen – sei es beim Erzählen, beim Basteln, Singen oder Malen –, sind keine „Spinnereien", kein „dummes Zeug" oder Ähnliches. Wir sollten sie nicht als „Verrücktheit" abtun, sie in irgendeiner Art abwertend beurteilen oder geringschätzig darüber lachen. Vielmehr wollen Kinder – zu Recht! – mit ihrer Fantasie und Kreativität ernst genommen werden. Nur so stärken und unterstützen wir ihre Entwicklung.

Nicht zuletzt spielt für das kreative Kind auch die liebevolle Beziehung zu seinen Eltern, seiner Erzieherin, seinem Erzieher, der Lehrerin und dem Lehrer eine gewichtige Rolle. Das Kind benötigt seine Mitmenschen sozusagen als Verbündete. In einem Umfeld von Liebe, Vertrauen und Achtung fühlt sich das Kind wohl, hier kann sich auch seine Kreativität entwickeln.

## Das kreative Kind

Zugegeben, kreative Kinder sind nicht immer „pflegeleicht". Sie sind mit ihren Aktionen und ihrem Ideenreichtum oft anstrengender als weniger kreative Kinder. Auch kann man sich nicht immer über die Originalität ihrer Einfälle freuen und diese unterstützen. Und dennoch: Kinder haben das Recht und brauchen die Freiheit, ihre Welt zu erforschen und zu erproben, ihre Fantasie und Kreativität auszuleben; nur so können wir Kindern zu ihrem Glück verhelfen, nur so sind letztlich auch Fortschritt und Veränderungen möglich.

# Freies Gestalten und Basteln fördert die Entwicklung

## Kindheitsträume

Denke ich an meine Kindheit zurück, so erinnere ich mich noch sehr genau an meine ersten Basteleien. Ein besonders gelungenes und originelles Stück war eine Schreibmaschine, aus einem Schuhkarton gebaut. Genauso stolz wie ich war auch meine Mutter über diese kreative „Erfindung". Damals war es ein Traum von mir, Geschichten zu schreiben. Daß ich Jahrzehnte später Bücher schreiben würde, ahnte ich noch nicht.
Heute haben sich die Zeiten geändert – und doch ist wesentliches genau wie damals: Unser siebenjähriger Sohn bastelte sich neulich seinen heißersehnten Computer selbst – mit integriertem Telefon und mit Fax. „Und der ist sogar noch besser als deiner", meinte er stolz, als er ihn mir vorführte. Einen ganzen Tag hatte er damit in seinem Zimmer zugebracht. Ein Modellbaukasten mit genauer Anleitung zum Bau eines Kindercomputers hätte ihm wahrscheinlich nicht soviel Freude bereitet. Das schönste aber ist, daß er mit diesem Computer in seiner Fantasie Verbindungen schafft zu Freunden im In- und Ausland!

## Wirklichkeiten schaffen

Beim Basteln und Gestalten haben Kinder die Gelegenheit, Eindrücke und Fantasien, Wünsche und Träume zu verwirklichen. Sie können sich in ihrer Kreativität erfahren und ihre Geschicklichkeit erproben.
Große Drachen, kleine Ungeheuer und vieles andere mehr, was als Vorstellung in den Köpfen unserer Kinder lebt, wird durch ihre Kreativität zur Realität. Kleine Hände schaffen fantastische Wirklichkeiten.
Und wenn beim Basteln und Gestalten mit Ton oder Holz, Papier oder Pappe, mit Farben oder Resten große Drachen und kleine Ungeheuer lebendig werden, trägt dies dazu bei, Ängste der Kinder abzubauen.
Im allgemeinen basteln Kinder gerne, sie haben Freude daran zu sehen, wie unter ihren Händen Neues entsteht; sie sind stolz auf ihre Arbeiten, und sie spüren, daß eigenständiges, kreatives Arbeiten zufrieden und stark macht.

## Freies Gestalten und Basteln – ohne Vorlagen

Rudolf Seitz, Professor für Kunstpädagogik und Gründer der „Schule der Fantasie" in München, sagte einmal: „Mit Kindern kreativ sein, heißt nicht, ihnen möglichst genaue Anleitungen geben, sondern sie selbst ausprobieren lassen." Diese Aussage enthält die Grundlage für kreatives Gestalten und Basteln.
Gehen wir einmal davon aus, ein Kind hat verschiedene Materialien beim Spielen und Experimentieren ausprobiert und kennengelernt. Und es will, angeregt durch Erlebnisse, Eindrücke oder aus reiner Freude am schöpferischen Tun, Spielzeug, Schmuck für das Kinderzimmer oder Ähnliches anfertigen. Es möchte dabei die Erfahrungen, die es bisher mit dem Material sammeln konnte, erproben und anwenden. Dies funktioniert aber nur dann zur Zufriedenheit des kreativen Kindes, wenn es eine Bastelarbeit ohne einschränkende Vorlagen ausführen kann. Nur dann kann das Kind die Fantasien, die es im Kopf hat, verwirklichen.

Freies Gestalten, Basteln ohne Vorlagen – das heißt, Fantasie und Kreativität ausleben können. Dazu gehört die freie Wahl der Materialien. Oder aber das Zurechtkommen mit dem Material, das zur Verfügung steht – auch wenn es zunächst Probleme aufwirft.
Das Basteln ohne Vorlagen fördert die Selbständigkeit und das Kombinationsvermögen. Beides ist auch für die Schulfähigkeit sehr wichtig. Von anderen festgelegte Arbeitsschritte und Vorlagen, die das Ergebnis von Anfang an bestimmen und den Erfolg „garantieren", behindern das Kind in der Entwicklung seiner Eigenständigkeit und Kreativität. Dabei bezieht sich die Eigenständigkeit hier nicht nur auf das Handeln, sondern auch auf das Denken. Kinder, die bei jedem Schritt gesagt bekommen, was sie machen sollen – „Jetzt nimmst du dies, klebst das zusammen und schneidest hier ab ..." –, benötigen auch später einen anderen, der ihnen vorgibt, was zu tun und zu lassen ist.
Basteln und Gestalten ohne feste Vorgaben – das bedeutet auch, nach den eigenen Fähigkeiten, nach dem individuellen Entwicklungsstand zu arbeiten. So lernt das Kind, seine Fähigkeiten besser einzuschätzen und einzusetzen.

## In eigener Regie

Freies Arbeiten ohne Vorlagen schafft originelle Unikate.
Wer sagt, daß Zwerge immer Zipfelmützen und Zauberer immer Spitzhüte tragen? Sind Zwerge nicht ausdrucksvoller, wenn sie individuell entworfen werden? Kinder können so etwas! Wir müssen ihren Fähigkeiten nur vertrauen. Sie haben sehr wohl ein Gefühl dafür, was schön und geschmackvoll ist – auch wenn dies nicht immer unbedingt mit unseren Vorstellungen übereinstimmen muß.
Kreatives Gestalten und Basteln heißt aber auch nicht, daß man sich nie von Modellen oder Mustern inspirieren lassen darf! Der Versuch, Gleiches zu schaffen, weil ein Modell dem Kind einfach gefällt, behindert dieses nicht in seiner Kreativität. Allerdings sollten wir es zulassen, daß die Arbeitsschritte und die Ausführung von dem Kind weitestgehend in eigener Regie gemacht werden! Dann wird es vielleicht Veränderungen oder sogar Verbesserungen anbringen, die ihm während der Arbeit spontan einfallen. So kann beispielsweise ein altbekanntes Spiel schon beim Basteln mit Fantasie und Kreativität abgewandelt werden und dann ein ganz neues Spielerlebnis bringen.

Durch Eigeninitiative und Freude am schöpferischen Tun können Kinder beim Basteln und Gestalten in ihrer Entwicklung gefördert werden. So lernen Kinder, auf eigenen Füßen zu stehen. Und wir sehen kreative und fantasievolle Menschen heranwachsen!

# Was will dieses Buch?

## Anregungen geben

Die vielen in diesem Buch abgebildeten Objekte möchten als Anregungen zum kreativen Gestalten mit unterschiedlichen Materialien verstanden werden.
Wenngleich hier auch Anleitungen zu den Objekten gegeben werden, so stehen diese jedoch nur als Beispiele für die vielen Möglichkeiten, die sich beim freien Gestalten mit einfachen Materialien – und ohne „Schnittmuster" – bieten.

## Anreize schaffen

Die gezeigten Arbeiten sind also keineswegs Musterbeispiele. Vielmehr haben sie Aufforderungscharakter und wollen Sie und die Kinder zum eigenständigen kreativen Gestalten und Basteln ermutigen. Sie wollen Anreize schaffen und Lust machen, zu basteln, zu gestalten, kreativ zu sein. In jedem Kind stecken Fantasie und Intuition und die Fähigkeit zu gestalten und zu kombinieren. Jedes Kind ist kreativ – wenn wir es nur zulassen! Haben Kinder erst einmal Material unter den Fingern liegen, wird sich so manche Idee in ihnen regen, und sie werden mit ihren Händen Fantasievolles und Neues schaffen. Stellen Sie Ihre Kreativität und die der Kinder unter Beweis!

## Erste Ideen liefern

Kreativ sein bedeutet auf Entdeckungsreise gehen, spielen und experimentieren, Dinge schaffen und verwandeln, für Versuche und Irrtümer offen sein. Gerade dazu will das vorliegende Buch auffordern; es will Hilfestellung leisten und erste Ideen liefern.
Das Buch will ErzieherInnen, Eltern und Kinder anregen, gemeinsam mit Holz und Ton, Papier und Stoff, Farben und Formen kreativ umzugehen, zu experimentieren, das Material zu gestalten. Dabei kann jeder – und darauf hoffe ich – das Material, die Motive, die Gestaltung variieren. So eignet sich bei der einen oder anderen Bastelarbeit Goldfolie genauso wie Ton- oder Seidenpapier; man kann mit Wolle, aber auch mit Gräsern weben: aus Papierstreifen können nicht nur Vögel und Blumen, sondern auch Fische, Schnecken und alle möglichen fantasievollen Gebilde geklebt werden. Der Fantasie und Kreativität sind hier keine Grenzen gesetzt.

## Voraussetzungen vermitteln

Am Anfang der einzelnen Kapitel finden Sie Anregungen, wie Sie den Kindern die jeweiligen Materialien nahebringen können, außerdem erste Spiel- und Gestaltungsideen für Experimentierphasen. Denn jeder Bastelarbeit, jedem Gestalten geht voraus, daß die Kinder mit Zeit und Ruhe und Experimentierfreude die Materialien kennenlernen. Bevor sie beispielsweise eine Schale aus Ton arbeiten, spielen und experimentieren sie mit dem Ton und modellieren ihn frei. Gerne sind Kinder dann für Anregungen offen, probieren aus, ob ihnen das eine oder andere auch gelingt. Und Sie werden feststellen, daß hundert Kinderhände hundert verschiedene Schälchen formen. Kinder schaffen mit ihren Werken originelle Unikate – gerade so wie unsere großen Künstler.

# Aus der Natur

# Wenn aus Rinden Boote werden

## NATURMATERIAL WAHRNEHMEN UND SAMMELN

Ob beim Spazierengehen und beim Wandern, auf dem Weg zum Kindergarten oder beim Spielen im Freien: überall gibt es kleine oder große Schätze der Natur zu entdecken, die geradezu auffordern, mit ihnen zu spielen oder sie kreativ zu gestalten. Doch um sie wahrzunehmen, müssen wir die Augen offenhalten.
Dies macht Kindern besonderen Spaß, wenn sie als „Jäger und Sammler" oder als „Spürnasen" unterwegs sind. Vielleicht haben sie ja einen Rucksack mit kleinen Behältern dabei, in denen sie „Kostbarkeiten" wie Schneckenhäuser oder besonders schöne Steine sammeln können. Aber auch eine Lupe oder ein Taschenmesser erhöht den Anreiz, aufmerksam umherzugehen und zu schauen. So wird jeder Spaziergang interessanter und abwechslungsreicher.
Wer Interesse an der Natur zeigt, wird auf seinen Streifzügen einiges entdecken:

- Wildfrüchte wie Eicheln, Kastanien, Nüsse und Hagebutten ...
- in den Wäldern Aststücke und Wurzeln, Moose und Flechten ...
- an Weidezäunen Haarbüschel von Pferden und Kühen, Schafen und Ziegen ...
- am Strand Muscheln und Sand ...
- in Parkanlagen leere Schneckenhäuser, große und kleine, glatte und rauhe Steine, die verschiedensten Zapfen, Rispen, Gräser, Blätter und Blüten ...

Die Funde sind je nach Jahreszeit und örtlichen Gegebenheiten recht unterschiedlich.
Wir können unsere Kinder für die Wahrnehmung der Natur sensibilisieren, aber auch für den richtigen Umgang mit ihr sollten wir ihnen ein Beispiel sein. Denn nicht alles dürfen wir „erbeuten". So manches Moos oder Pflänzlein muß unserer Natur an Ort und Stelle erhalten bleiben, so manche seltene Blüte von uns beschützt werden. Auch dies können wir Kindern auf Spaziergängen immer wieder vorleben und vermitteln.
Im Umgang mit Naturmaterialien erfahren Kinder deren Eigenschaften und entdecken Gestaltungsmöglichkeiten. So spüren sie beispielsweise, daß Gräser zart und biegsam sind, daß wir mit ihnen weben und flechten können. Steine sind hart, sie sind glatt oder rauh oder auch kantig und lassen sich bemalen, zu Spielsteinen oder kleinen Figuren gestalten ...

Mit Fantasie und Kreativität basteln Kinder aus ein paar Maiskörnern, Federn und Eicheln eine Indianerkette, aus Aststücken lustige Zwerge oder aus Baumrinde und einem Blatt ein kleines Boot.
Interessant und fantasieanregend können auch Naturerlebnisse und seltene Beobachtungen sein. So mag ein Vogelnest, das die Kinder in einem Strauch entdecken, den Anstoß geben, mit kleinsten Mitteln selbst ein Nest zu gestalten, etwa ein Vogelnest in einem Holzring – als Schmuck für einen Strauß.
Doch wie bei jeder kreativen Arbeit sind auch hier Zeit und Experimentierfreude, schöpferische Freiheiten und Geduld wichtige Voraussetzungen. Nur dann erfahren Kinder wirklich, welche Schätze die Materialien aus der Natur sein können. Nur dann bekommt die Fantasie unserer Kinder Flügel – und unter ihren Händen entstehen kleine Kunstwerke aus der Natur.

# Erdgeister, Krümelmonster, geheimnisvolle Zeichen

## NATURMATERIAL KENNENLERNEN UND ERPROBEN

### Naturzauber

Mit Fantasie und Kreativität können Kinder Naturmaterialien gestalten und in neue Formen bringen. So werden beispielsweise Haselnüsse zu kleinen Wichteln oder ein Stück vom Stamm des alten Weihnachtsbaumes wird zu einem schönen Wandhaken (einfach der Länge nach halbieren, die Rinde mit einem Messer abschaben, schmirgeln und einölen) ...
Dabei sollten wir nicht versäumen, Kinder zunächst frei mit unterschiedlichen Materialien spielen und experimentieren zu lassen.

Und wenn es dann ums Gestalten und Basteln geht, so vertrauen Sie der Fantasie und Geschicklichkeit der Kinder!
Sie werden staunen, was sie beispielsweise aus Zapfen, Hülsen, Holz und Erde alles hervorzaubern.

### Abenteuer Sand

Sand bietet Kindern viele Möglichkeiten zum Spielen, Experimentieren, Gestalten:

- Außer wohlgeformten Kuchen und Broten lassen sich im feuchten Sand ganze Landschaften mit Burgen, Schlössern und Höhlen bauen. Die Gärten einer Schloßanlage können mit Steinen, Gräsern, Aststücken und anderen Naturmaterialien fantasievoll ausgeschmückt werden. So mögen richtige Abenteuerspielplätze in Miniatur entstehen.
- Sand kann man auch mit Farbpulver einfärben und in Gläsern zu Mustern aufeinanderschichten. Mit gefärbtem Sand und mit Hilfe von Klebstoff kann man „malen": Mit dem Klebstoff Linien auf ein Papier ziehen, gefärbten Sand darüberstreuen und nach dem Trocknen den übrigen Sand einfach abschütteln.

### Mit Erde bauen, modellieren, malen

- Ein kleiner Erdhügel wird so mit Stöcken und runden Steinen bearbeitet, daß eine Kugelbahn entsteht.
- Feuchte Erde wird zu platten Pfannkuchen, zu Maurermörtel oder, mit Wasser vermischt, zu Matsch. Daraus lassen sich fantastische Erdgeister formen. Dieses Modellieren ist für Kinder interessanter als der Umgang mit Knete und außerdem ein guter Einstieg in das Gestalten mit Ton.
- Mit Erdklumpen können Kinder auf Papier malen. Dabei spüren sie in ihren Händen, daß die Erde naß oder trocken, sandig und bröselig oder klebrig und klumpig sein kann. Allein dieses zu erfahren und zu beschreiben ist bereits spannend. Auf dem Papier gibt es weitere Unterschiede zu entdecken: zum Beispiel, daß Erde dunkelbraune oder hellbraune, rotbraune oder gelbe Farbtöne hinterläßt.

Erdklumpen, die ganz fest sind, kann man mit Steinen fein und bröselig stampfen. Mit diesen Erdkrümeln läßt sich ähnlich wie mit Kreide auf Papier malen. Die Spuren der „Krümelmonster" können dann noch mit einem Lappen oder mit der flachen Hand auf dem Papier verstrichen werden.

Solche Erdbilder, besonders wenn sie mit farblich unterschiedlicher Erde gemalt werden, wirken recht kunstvoll.

◎ Wer weiter mit zerstampften Erdkrümeln experimentieren und malen will, kann ihnen Wasser hinzufügen, so daß ein Brei entsteht. Man läßt ihn etwa einen Tag stehen und rührt Tapetenkleister oder Leinöl unter. Diese Erdmalfarbe wird mit den Fingern oder einem dicken Borstenpinsel auf Papier oder Karton aufgetragen. Das Bindemittel verhindert, daß die Farbe nach dem Trocknen abfällt.
Erdfarben eignen sich besonders gut, um Wurzelzwerge und Gnome, die in tiefen Erdspalten wohnen, auf dem Papier sichtbar zu machen.
Übrigens: Erdmalfarben lassen sich in Gläsern mit Schraubdeckel gut aufbewahren.

## Mit Ton gestalten

Wir sollten es nicht versäumen, Kindern Gelegenheit zu geben, auch mit Ton zu experimentieren und zu modellieren. Im Sommer findet sich gewiß ein Platz im Freien und im Winter ein geheizter Kellerraum oder ein alter Tisch in einer Zimmerecke. Als Arbeitsunterlage reicht eine Plastikfolie oder Hartfaserplatte.
Bevor der Ton verarbeitet werden kann, muß ihn das Kind kräftig auf den abgedeckten Boden oder den Tisch klopfen und schlagen, ihn kneten und biegen. Diese Tätigkeiten kommen dem kindlichen Bedürfnis sehr entgegen. Rein praktisch gesehen, sind die Vorarbeiten notwendig, um die Restluft aus dem Ton herauszutreiben.
Wenn Kinder ausgiebig mit Ton experimentieren. kommen ihnen Ideen zur Genüge. Die Werke müssen auch nicht immer gebrannt werden. Viele Formen lassen sich gut an der Luft trocknen, wie beispielsweise ein kleines Daumenschälchen.
Die Kinder können aber auch mit tonähnlicher selbsttrocknender Modelliermasse arbeiten.

## Ein Mandala aus Naturschätzen

Die Kinder haben verschieden geformte Kieselsteine, getrocknete Obstkerne, Körner aus Hülsenfrüchten, getrocknete Blüten, Zapfen und Nußschalen, gepreßte Blätter, Fruchtstände von Ahorn oder Linde und ähnliche Schätze aus der Natur vor sich. Dabei kommt es nicht auf die Menge und Vielfalt der Materialien an, sondern darauf, daß sie sich gut sortieren lassen.
Die Sortierarbeit können die Kinder übernehmen. Dann dürfen sie auf dem Tisch und Fußboden geheimnisvolle Zeichen legen oder auch ein Mandala.
Dafür wird zunächst ein Kreis gelegt; dies kann der Außenkreis oder der Innenkreis des Mandalas sein. Von hier aus werden nach innen bzw. nach außen Formen gelegt, die sich am Kreis orientieren.
Ein Mandala läßt sich auch spontan in der freien Natur legen. Wer aufmerksam sucht, wird sicher vieles dazu finden.
Auf die meisten Kinder wirkt diese Arbeit sehr beruhigend und entspannend. Obendrein macht es ihnen Freude, so kreativ mit den vielen kleinen Dingen aus der Natur ein Bild zu gestalten – ganz nach der eigenen Vorstellung und der momentanen Stimmung. Und sie werden feststellen, immer wieder entstehen neue Formen, neue Zeichen, ein neues Mandala.
Probieren Sie es doch selbst auch einmal!

# Im Reich der Zwerge

**Das Reich der Zwerge – gibt es das wirklich? Kinder können dieses Reich schnell Wirklichkeit werden lassen und mit Leben erfüllen. Zum Beispiel, wenn man ihnen Material aus der Natur an die Hand gibt ... Eine schöne Möglichkeit, fantastische Welten zu erschaffen ...**

## Einstimmung

Wer langsam und aufmerksam den Wald durchstreift, wird es mit etwas Glück entdecken – das Reich der Zwerge. Die Zwerge wohnen unter Baumstümpfen, in Mooslandschaften oder in kleinen Erdspalten. Warum so eine Landschaft in Miniatur nicht auf dem Tisch oder dem Boden aufbauen? Und mitten hinein kommt ein Nußmännchen oder ein Astholzzwerg. Ganz sicher wollen nun auch die Kinder solche kleinen Naturwesen schaffen. Das nötige Material dazu liegt jedenfalls schon bereit.

## ZWERGE AUS ASTHOLZ

trockene Äste, etwa so stark wie ein Besenstiel; Plakafarbe; Pinsel; ungesponnene Schafswolle (Märchenwolle); evtl. kleine Holzperle; Fuchsschwanz oder ähnliche Handsäge

### Gestaltungsvorschlag

Für jeden Zwerg wird von einem trockenen Ast ein etwa 8 bis 12 cm langes Stück schräg abgesägt. Die Rinde bleibt, sie wird zum Zwergenmantel.
Nun mit einem Pinsel Mütze und Gesicht auf die schräge Schnittfläche malen. Wolle als Bart ankleben.
Wer mag, kann eine kleine Perle als Zwergennase aufkleben.

Anstelle von Aststücken mit Rinde kann auch ein Besenstiel verwendet werden.

### Weitere Ideen

- Kinder können auf einem Spielteppich mit Zwergen unterschiedlicher Größe und Gestalt spielen.
- Zwerge sind auch ein schöner Tisch- oder Nischenschmuck. Auf eine Holzscheibe gestellt, mit Moos und Blättern ausgestaltet, werden sie zu einem Geschenk für Naturfreunde.
- Mit etwas Fantasie lassen sich aus den Aststücken sogar die berühmten sieben Zwerge und Schneewittchen gestalten.
- Rot eingefärbt und mit einem weißen Bart, ergeben Aststücke kleine Weihnachtsmänner – eine hübsche Tischdekoration für den Advent.

## LUSTIGE NUSSFAMILIE

Erdnüsse, Haselnüsse und Walnüsse in der Schale; schnell trocknender Klebstoff; Filz- oder Wollreste; Filzstifte

### Gestaltungsvorschlag

Kinder versuchen, Nüsse mit etwas Klebstoff so zusammenzufügen, daß daraus ein Nußmännchen oder ein Nußweiblein entsteht: Dabei zum Beispiel eine Haselnuß so auf einer Walnuß plazieren, daß die Spitze nach hinten zeigt und die helle Fläche als Gesicht bemalt werden kann. Schon sind aus den Nüssen kleine Glücksbringer oder Geschenkanhänger oder dekorative Figuren für die Herbst- und Winterzeit geworden.
Wem gelingt es, auch andere Nußfiguren zu gestalten?

# Fantastische Tiere

**Der Kindertraum vom eigenen Tier läßt sich leicht erfüllen. Aus Körnern, Hülsen und sonstigen Schätzen der Natur kann eine Tiermarionette werden, aus Holzabfällen entsteht ein Igel oder ein Hund ...**

## Einstimmung

Tannenzapfen, Maiskolben, Kastanien, Eicheln, dünne Äste und Holzabfälle liegen auf dem Tisch und wecken die Aufmerksamkeit der Kinder. Alles lädt zum Erkunden und Experimentieren ein.

Hier kann geschnuppert, betrachtet und gefühlt werden. Und die Kinder machen vielfältige Erfahrungen: Daß frisches Holz nach Harz riecht. Daß Holz je nach Sorte verschiedene Maserungen und Eigenschaften hat. Daß sich Nägel in Hartholz schwerer einschlagen lassen als in Weichholz. Daß Holz an der Oberfläche zunächst rauh ist, beim Schmirgeln jedoch glatt wird. Oder daß frische Kastanien, Eicheln und Maiskörner weicher sind und sich leichter durchbohren lassen als getrocknete ... Und beim „Erleben" werden diese Materialien in der Vorstellung der Kinder dann auch schnell lebendig ...

## MARIONETTE AUS MAIS

frischer Maiskolben; Kastanien; dünne, reißfeste Schnur oder Sternchenzwirn und Nadel; drei kurze Äste

## Gestaltungsvorschlag

Vom Maiskolben werden die Körner gelöst. Um sich leicht auffädeln zu lassen, müssen sie ganz frisch, das heißt noch weich sein. Ansonsten legt man sie für ein paar Stunden ins Wasser. Zuerst wird jeweils eine Kastanie, eine Eichel oder Ähnliches als Tierfuß an ein Schnurende geknotet. Nun können die Maiskörner als Beine aufgefädelt werden, ohne vom Faden zu rutschen. Der leere Kolben bildet den Rumpf des Tieres. An ihm werden die Beine und auch der Hals mit dem Kopf (Kastanie) befestigt.
Aus einem längeren und zwei kleinen Ästen wird ein Spielkreuz gebunden und daran das Tier befestigt: Kopf und Hinterteil vorn und hinten an dem langen Ast anbringen, die Beine an den Querhölzchen. Schon kann sich das Tier bewegen lassen.

- Auch Poppkorn-Maiskörner eignen sich. Über Nacht ins Wasser gelegt, werden sie weich. Als Tierkörper kann dann ein Tannenzapfen oder eine trockene Wurzel genommen werden.
- Auch andere Naturmaterialien oder Holzabfälle lassen sich zum Bau einer Marionette verwenden.

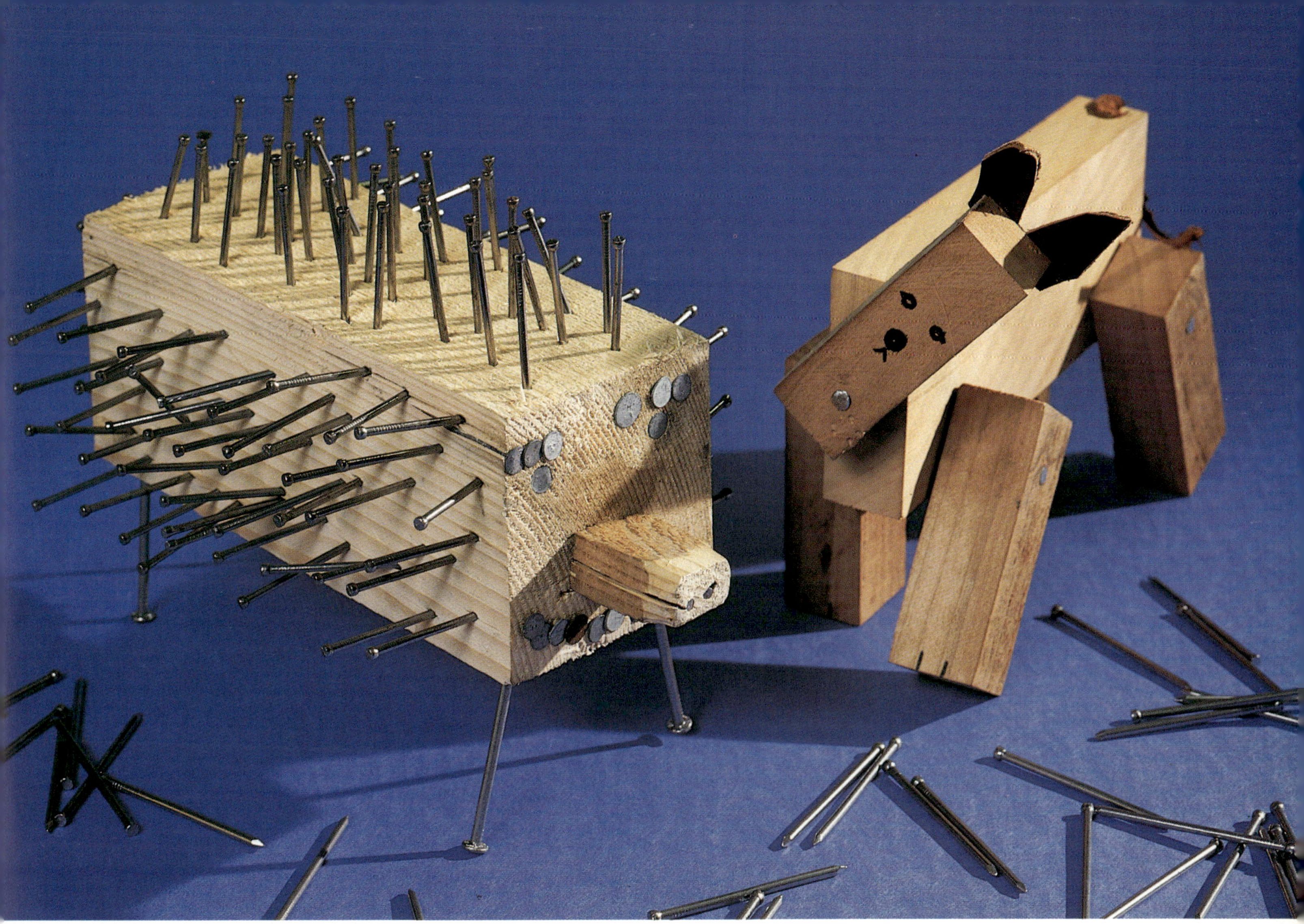

## Igel & Hund aus Holz

Holzabfälle vom Schreiner oder vom Waldboden; Nägel in verschiedenen Größen; Hammer; evtl. Holzraspel und Schmirgelpapier; evtl. Lederreste

### Anregung

Aus Holzabfällen, die zusammengenagelt werden, können die tollsten Tiere entstehen. Vertrauen Sie der Fantasie der Kinder! Was zunächst ein Pferd werden soll, entwickelt sich vielleicht im Laufe der Arbeit zu einem Elefanten oder, wenn das Nageln besonders viel Spaß macht, zu einem stachligen Igel. Je öfter Kinder mit Holz werken, desto geschickter und ideenreicher werden sie.
Als Werkbank dient ein alter Tisch. Aber auch ein dickes Brett reicht als Arbeitsunterlage.

Holzfiguren können mit Holzbeize eingefärbt werden.
Die Beize gibt es preiswert als Pulver. Sie wird mit Wasser angerührt und hält sich, in Schraubgläsern aufbewahrt, monatelang. Auch Wasser- oder Plakafarben sind zum Anmalen geeignet.

# Raumschmuck aus der Natur

**Das ganze Jahr hindurch bringen Schmuckstücke aus der Natur Leben in die Wohnräume. Aber vielleicht macht es im Winter, wenn wir viel drinnen sind, am meisten Spaß, mit Naturmaterial zu basteln.**

### Einstimmung

Im Herbst können wir in der Natur verlassene Vogelnester finden, die Vögel sind mit ihren Jungen längst in den Süden geflogen. Der nächste Frühling ist noch weit. Doch die Kinder erinnern sich noch gut an Naturerlebnisse im Frühling. Warum jetzt nicht kleine Vogelnester als Zimmerschmuck basteln?
Genauso wie Sterne, die mit Naturmaterial ausgeschmückt werden, sind sie außerdem schöne Geschenke.

## VÖGELCHEN IM NEST

Gardinenring aus Holz, ca. 4 cm ∅; Trockenblumen; getrocknetes Moos; kleine Federn; Holzperlen, 5 und 10 mm ∅; Klebstoff; Aufhängefaden

### Gestaltungsvorschlag

Mit einem schnell härtenden Klebstoff zwei kleine Perlen als Vögelchen zusammenfügen, mit einem Schnabel und Federn verzieren und in den Holzring kleben. Aus trockenen Blüten und Moos bereiten die Kinder dem jungen Vogel ein kuschliges Nest.

### Weitere Ideen

- Mehrere Vogelnester an einen Zweig gehängt, lassen im späten Winterschon den Frühling ahnen.
- Ein Holzring kann auch zu einem Bilderrahmen für eine gepreßte, auf Papier geklebte Blüte werden.

## STERNE & ZAPFEN

kleine Kiefernzapfen; getrocknete Orangen- bzw. Apfelscheiben; trockenes Moos; getrocknete und gepreßte Blüten; Zimtstangen; Sternanis; Messingdraht, ca. 3 mm stark; Goldfaden; selbstklebendes Floristenband

### Gestaltungsvorschläge

- Aus einem etwa 60 cm langen Draht wird ein Stern gebogen. Die Enden mit selbstklebendem Floristenband zusammenhalten.
Einen Goldfaden kreuz und quer über den Stern spannen. In dieses Netz können die Kinder gepreßte Blüten, Blätter, Trockenfrüchte, Gewürzstangen und Ähnliches „einweben". Jeder Stern wird anders aussehen - und ein schöner Schmuck für Tannenzweige, für Fenster oder Türen sein.

- Wir verzieren die Zapfen mit einer halben Orangenscheibe (schnell härtender Kleber).
Mit Moos und kleinen Blüten läßt sich die Klebestelle gut verdecken und der Zapfen festlich ausschmücken. Mit einem Goldfaden versehen, wird solch ein bunter Zapfen zu einem Schmückstück für den Weihnachtsbaum.

# Spielsteine & Steinspiele

**Ob sie rund oder kantig, glatt oder rauh, gesprenkelt oder gemasert sind – es macht Spaß, Steine zu sammeln, sie genauer anzuschauen – und mit ihnen zu spielen!**

### Einstimmung

Immer wieder finden Kinder unterwegs Steine, die durch ihre Farben- und Formenvielfalt begeistern. Und wer die Steine im Wasser abspült, staunt, welch intensive Farbtöne hervortreten. Da liegt der Gedanke nahe, aus den Steinen etwas Besonderes zu machen – zum Beispiel ein Domino oder ein Memory als Geburtstagsgeschenk für einen Freund.

Steine mit glatter Oberfläche; Filzstifte oder Plakafarbe, Wasserfarbe und dünner Pinsel

## STEINE-DOMINO

### Gestaltungs- und Spielvorschläge

Jeder Stein erhält in der Mitte seiner Fläche einen Strich. Rechts und links werden Punkte wie auf einem Würfel aufgemalt, also eins bis sechs. Ein Feld kann auch freibleiben.
Gespielt wird wie beim herkömmlichen Domino: immer die gleiche Augenzahl an die Reihe anlegen. Je länger die Reihe wird, desto erfolgreicher ist das Spiel für beide Spieler.
Gewinner oder Verlierer braucht es nicht zu geben. Es bleibt den Kindern und ihrer Kreativität überlassen, die Regeln abzuwandeln: So können beispielsweise Steine, die nicht in die Reihe passen, in eine neue Reihe gelegt oder auch seitlich angelegt werden …

## STEINE-MEMORY

### Gestaltungs- und Spielvorschlag

Je zwei Spielsteine werden mit dem gleichen Motiv bemalt. Ist die Farbe trocken, kann das Spiel beginnen.

### Weitere Ideen

- **Memory Natur pur:** Für unterwegs eignet sich ein Memoryspiel aus halben Walnußschalen besonders gut. Zwanzig oder mehr Nußschalen, in ein Tuch eingeschlagen, finden in jedem Gepäck Platz. Gespielt wird auf dem ausgebreiteten Tuch. Zuvor sammeln die Spieler noch Paare winziger Dinge: kleine Steine in unterschiedlichen Farben, Aststückchen, Gänseblümchen oder andere Blüten, Tannennadeln, Kleeblätter, Hagebutten, Samen von Bucheckern… Alles wird bunt gemischt auf das Tuch gelegt und jedes Teil mit einer Nußschale verdeckt. Wer findet beim Aufdecken der Nußschalen ein Paar?
- **Vorbilder:** Mit Steinen können auch Figuren und Muster gelegt werden. Dazu folgender Spielvorschlag: Die Spielsteine werden auf zwei Kinder verteilt. Ein Kind legt mit seinen Steinen eine Figur, die das andere Kind kurz betrachten darf und dann aus dem Gedächtnis nachzulegen versucht. Dabei wird das „Vorbild" mit einem Tuch oder einer Zeitung abgedeckt und erst zum Vergleichen wieder aufgedeckt… Anschließend ist Rollenwechsel.

# Speckstein: für kleine Bildhauer

**Wer behauptet, Steine seien hart, der kennt den Speckstein nicht: Mit Feile, Raspel und Schleifpapier läßt er sich spielend von Kindern bearbeiten.**

## Einstimmung

Ein Stück Speckstein in den Händen zu halten ist für Kinder ein Erlebnis: Sie staunen über sein beträchtliches Eigengewicht. Doch mit den Fingernägeln können sie spüren, daß er weich ist. Fast fühlt er sich wie Seife an. Reibt man eine Weile über den Stein, beginnt er zu glänzen.
Auch an dem Namen haben Kinder ihre Freude, er verrät ihnen gleich, daß es ein fetter Stein ist. Auffällig sind die unterschiedlichen marmorähnlichen Farben: von weißlich bis grünlich-grau.
Für „kleine Bildhauer" ist Speckstein ideal zu bearbeiten. Und haben sie einen vor sich, kommen die Ideen von ganz allein …
Besonders motiviert sind Kinder, wenn sie einmal einem Bildhauer oder Steinmetz zuschauen konnten oder in einem Museum Objekte aus Stein gesehen haben.

Speckstein (Steatit), etwa handgroße Stücke (in Läden, die auch Mineralien und Schmucksteine verkaufen); Rund- und Kantraspel; Feile; feines Schleifpapier; farblose Schuhcreme; Läppchen und Poliertuch

## Anregung

Von der Form des Steines angeregt, entscheiden sich die Kinder für eine Figur und bilden mit einer groben Raspel die ersten Umrisse heraus.
Mit einer feineren runden oder kantigen Raspel können sie genauere Strukturen wie Augen, Mund, Schnabel oder Federn herausarbeiten.
Mit einer Feile lassen sich die Flächen glätten. Wo die Feile nicht hinkommt, wird Schleifpapier eingesetzt.
Zwischen den einzelnen Schleifarbeiten hält man den Stein am besten immer wieder unter Wasser: So sieht man, wo noch Steinmehl in den Ritzen sitzt.
Mit einem Lappen reibt man die Figur trocken, um sie anschließend mit farbloser Schuhcreme und einem weichen Läppchen einzufetten. Das Fett etwa zehn Minuten einziehen lassen. Dann die Figur mit einem Poliertuch polieren, bis sie den gewünschten Glanz hat.

## Weitere Ideen

Aus Speckstein lassen sich auch Spielsteine, ja sogar Schachfiguren gestalten!

# Daumenschälchen aus Ton

**Kleine Daumenschälchen sind genau richtig, um erste Erfahrungen mit Ton zu sammeln.**

## Einstimmung

Tonklumpen schlagen und kneten macht Kindern viel Freude. Doch irgendwann wollen ihre Hände aus den unförmigen Klumpen etwas gestalten ... zum Beispiel kleine Schälchen, die ganz individuell geformt sein dürfen.
Auch ein Besuch in einer Töpferwerkstatt motiviert Kinder, mit Modeliermasse zu schaffen.

Aufbauton (oder selbsthärtende Modelliermasse); Hartfaserplatte oder Plastikfolie als Arbeitsunterlage

## Gestaltungsvorschläge

Mit beiden Händen formen die Kinder eine größere Kugel, dann drücken sie mit dem Daumen eine Mulde hinein und erweitern sie nach und nach, so daß ein Schälchen entsteht.
Zum Schluß den Ton mit feuchten Fingern glatt streichen.
Nach dem Trocknen können in der kleinen Schale Blütenblätter, ein Duftpotpourri oder winzige Fundstücke aus der Natur ausgestellt werden.

## Weitere Ideen

- Kleine Tonkugeln, auf der Arbeitsplatte gerollt, werden mit einem Zahnstocher durchbohrt und nach dem Trocknen und Brennen als Perlen zu einer Kette aufgefädelt.
- Kugeln aus Ton oder selbsthärtender Modelliermasse können auch gut zu Puppengeschirr geformt werden. Nach dem Trocknen mit Plakafarbe anmalen und lackieren.

- Nicht alle Tonobjekte müssen gebrannt werden. Je nach Verwendung reicht auch tagelanges Trocknen, jedoch sind solche Stücke bruchempfindlich. Vor jedem Brennen müssen die Tonobjekte auf einer festen Platte gut durchtrocknen. Dies dauert etwa sieben bis zehn Tage und geschieht zunächst in einem kühlen Raum, später, wenn der Ton hart geworden ist, an einem warmen Platz. Gelegenheit zum Brennen der Stücke gibt es – gegen ein Entgelt – bei Schulen, privaten Töpfereien oder größeren Bastelläden.
- Fest in einen Plastiksack verschlossen und kühl, aber frostsicher aufbewahrt, bleibt Ton über Monate hinweg feucht und kann so jederzeit verarbeitet werden.

# Kleine Tiere aus Ton

**Was sich so alles aus Tonkugeln machen läßt! Kleine Tierfiguren. Aber auch schöne Reliefbilder. Ein tolles Experimentierfeld für kreative Kinder!**

## Einstimmung

Aus kleinen Tonkugeln können Kinder mit wenigen Handgriffen Tiere wie Igel oder Enten formen. Und entdecken die Kinder erst einmal auf dem Arbeitstisch ein Wellholz, haben sie Spaß daran, große oder kleine Tonkugeln platt zu rollen. Aus dem glatten Ton lassen sich alle möglichen Formen ausschneiden: zum Beispiel ein Boot und Fische – vielleicht als Erinnerung an die letzten Ferien …

Töpferton; Zahnstocher; evtl. Plakafarbe und Lack; für Boot und Fische: Wellholz; Küchenmesser oder spitzes Modellierholz; evtl. Holzstäbchen, Trinkhalm, Nagel

### IGEL & ENTEN

## Gestaltungsvorschläge

**Igel:** Eine kleine Tonkugel wird mit den Fingern so modelliert, daß ein spitzes Schnäuzchen entsteht. Die Stacheln können mit einem Zahnstocher angedeutet oder mit den Fingerspitzen aus der Tonkugel heraus geformt werden.

**Enten:** Für jede Ente benötigen die Kinder eine kleine und eine etwas größere Tonkugel. Den Entenkopf fügen sie mit ein bißchen Spucke oder einem Wasser-Ton-Gemisch an den Körper. Den Entenschnabel können sie leicht aus dem Kopf „herausziehen", dann muß er nicht angesetzt werden.

Igel und Enten einige Tage trocknen lassen. Wer möchte, kann sie zum Brennen geben und bemalen. Sie sind aber auch ohne Brand auf der Fensterbank hübsch anzusehen.

## BOOT & FISCHE

### Gestaltungsvorschlag

Der vorbereitete, also geschlagene Tonklumpen wird zu einer etwa 0,5 cm starken Platte ausgewellt. Mit einem spitzen Modellierholz oder einem Küchenmesser können die Kinder nun Boote und Fische ausschneiden. Mit Holzstäbchen, einem Trinkhalm oder Nagel lassen sich zusätzlich Muster eindrücken. Und wer die Fische später an das Boot hängen und aus den Teilen ein Mobile machen möchte, sticht jetzt noch mit einem Nagel kleine Löcher ein. Solch ein Mobile ist ein willkommenes Geschenk – keineswegs nur für Seeleute.

Allgemeines zum Trocknen und Brennen von Ton siehe Seite 15 und 27.

# Schönes aus Ton

**Ton auswellen macht Kindern Spaß.
Und außerdem lassen sich aus glattem Ton tolle Dinge gestalten.**

## Einstimmung

Daß Ton sich nicht nur schlagen und kneten oder zu Kugeln und Würsten rollen läßt, haben Kinder schnell herausgefunden. Gerne hantieren sie mit einem Wellholz und „plätten" ihre Tonkugeln. Und dann können sie die verschiedensten Formen, Muster, Objekte ausarbeiten: Blätterreliefs zum Beispiel – mit Hilfe von Blättern, die sie beim letzten Spaziergang gesammelt haben. Oder eine Lichtpyramide – als Windlicht für draußen oder als Raumschmuck für drinnen.

Töpferton; Wellholz; Küchenmesser oder spitzes Modellierholz;
für Blätter aus Ton: Zeitungspapier; Plastikfolie; frische Blätter;
für eine Lichtpyramide: Untertasse; Eßteller; kleine Ausstechförmchen

## BLÄTTER AUS TON

### Gestaltungsvorschläge

Die vorbereitete Tonkugel wird mit den Händen auf Zeitungspapier flachgedrückt, mit einer Plastikfolie bedeckt und auf etwa 0,5 cm Dicke mit dem Wellholz ausgerollt. Dann die Folie wieder entfernen.
Ein besonders schönes Blatt wird mit seiner Unterseite auf die Tonplatte gelegt, mit den Fingern leicht angedrückt, damit es nicht verrutschen kann, und gleich anschließend mit dem Wellholz eingedrückt.
Jetzt noch mit einem Messer oder einem spitzen Modellierholz am Blattrand entlangfahren. Dabei kommt es nicht auf jede einzelne Zacke an.
Wird das Blatt dann vom Ton abgezogen, staunen die Kinder und freuen sich, wie gut die Blattstruktur auf dem Ton zu sehen ist.
Nun wird der Rand noch mit einem feuchten Finger geglättet.
Damit das Blatt möglichst natürlich aussieht, mit der Hand unter die Zeitung fassen und den Ton wellen, indem man ihn stellenweise nach oben drückt. – Wer das Blatt als Schale verwenden möchte, gibt ihm so die gewünschte Form.
Kinder machen hier die Erfahrung, daß Blätter zwei unterschiedliche Seiten haben und auf der Unterseite die Adern besonders gut spürbar und sichtbar sind. Beim Ausschneiden nehmen die Kinder dann bewußt die unterschiedlichen Formen und Umrisse der Blätter wahr.

## LICHTPYRAMIDE

### Gestaltungsvorschlag

Aus fingerdick ausgewelltem Ton wird mit Hilfe einer Untertasse ein Kreisboden ausgeschnitten.
Für das Oberteil schneidet man aus einer Tonplatte von 30 x 15 cm einen Halbkreis. Ein Eßteller dient als Maß. Mit kleinen Ausstechförmchen Lichtlöcher ausstechen.
Den Halbkreis zu einem Zylinder zusammenfügen; dazu die Nahtstellen vor dem Aufeinanderlegen mit Wasser oder Spucke anfeuchten und gut verstreichen. – Dies gilt übrigens für alle Tonteile, die aneinandergefügt werden.
Boden und Oberteil separat trocknen lassen.
Wer möchte, kann die Pyramide nach dem Trocknen brennen.

Hinweise zum Vorbereiten, Trocknen und Brennen von Ton Seite 15 und 27.

### Weitere Ideen

- Für ein Blattrelief aus Ton eignen sich auch Wirsing- oder Platanenblätter. Aus solchen Reliefs können Kinder dekorative Schalen gestalten.
- Kleine Tonblätter, die mit einem Loch versehen sind, können an die Wand gehängt werden oder als ganze Blättergruppe an einem Ast ihren Platz im Zimmer finden.
- Auch das Relief von Stoffspitzen oder anderen Gegenständen kann mit einem Wellholz in Ton gedrückt und ausgeschnitten werden.
- Aus ausgerolltem Ton können Kinder kleine Anhänger ausstechen. Mit einem Nagel ein Loch für den Aufhängefaden stechen. Muster mit einem Zahnstocher oder Nagel eindrücken.

# Mit Papier & Pappe

# Wenn Papier lebendig wird

## PAPIER MIT ALLEN SINNEN ENTDECKEN

Für jedes kreative Kind ist Papier etwas Zauberhaftes, denn schnell läßt sich ein Blatt zu Einzigartigem gestalten. Schon die Allerkleinsten hantieren und spielen gerne mit Papier. Denken wir nur an Krabbelkinder, die mit Vorliebe Papier zerreißen oder knüllen und lauschen, wie es raschelt und knistert. Schenken wir den Kindern Zeit und Ruhe, werden sie ständig mehr entdecken und erleben. Dabei lohnt es sich, sie anzuregen, Papier nicht nur mit den Händen, sondern auch mit den Füßen zu reißen und zu knüllen. Übrigens, eine lange Schlange aus einem Zeitungsbogen zu reißen ist gar nicht so einfach! Hier wird feinmo-torisches Arbeiten spielerisch geübt. Ebenso, wenn Kinder aus buntem Papier Schnipsel reißen und zu einem Bild zusammenkleben. Freude macht es Kindern auch, mit den Füßen große Kugeln aus Zeitungspapier zu knüllen, dann in die Luft zu werfen und wieder aufzufangen. Wenn Sie diese Spielerei mitmachen, werden Sie feststellen, daß Kinder mit ihren Füßen meist geschickter sind als Erwachsene. Diese Überlegenheit gefällt Kindern, denn ihnen bietet sich nicht oft die Möglichkeit, zu zeigen, daß sie mehr können als so mancher Erwachsene.

Um Unterschiede im Material zu entdecken, sollten Kinder auch einige Bögen Seidenpapier zur Verfügung haben. Seidenpapier läßt sich wesentlich leichter reißen und knüllen. Nach dem Spielen landet das Papier keineswegs im Abfall, sondern kann noch gut Verwendung beim Basteln finden.

Für Kinder ist es wichtig, unterschiedliche Papier- und auch Kartonsorten kennenzulernen. Und sie haben Spaß daran. Warum ihnen statt eines Spielzeugs nicht einmal einige Bögen unterschiedlicher Papiere schenken? Dazu eine gute Schere, die abgerundet, aber scharf ist, denn sonst macht das Schneiden keine Freude. Und einen Klebestift oder ein Fläschchen Klebstoff. Alles zusammen, in einem mit Tapete beklebten Karton verpackt, ist für Kinder eine willkommene Überraschung und lädt zum kreativen Arbeiten geradezu ein!

Papier- und Bastelläden bieten übrigens neben zahlreichen Papier- und Kartonsorten auch unterschiedliche Kinderscheren. So gibt es beispielsweise Bastelscheren, die bei jedem Schnitt große oder kleine Wellen erscheinen lassen oder gar ein Zickzackmuster – geradezu ideal für ein Krokodilsmaul!

Im Umgang mit Papier werden Kinder feststellen:

- Papier läßt sich reißen und schneiden, knüllen und falten …
- Es läßt sich trocken oder naß mit den verschiedensten Farben bemalen …
- Papier läßt sich bedrucken oder mit einem Sieb und Farbe künstlerisch gestalten …
- Es läßt sich durch Einschnitte und Knicke zu dreidimensionalen Objekten verwandeln, zum Beispiel zu Schachteln …
- Papier läßt sich durch Faltschnitte zu endlosen Figurenketten formen …
- Mischt man es mit Tapetenkleister, läßt es sich auch modellieren …

Papier eröffnet ein endlos großes Feld für fantasievolles, kreatives Arbeiten.

# Ein Königreich aus Kartons & Schneeflocken aus Papier

## MIT PAPIER EXPERIMENTIEREN, BASTELN, GESTALTEN

### Erfahrungen machen

In diesem Kapitel finden sich Vorschläge rund um Papier und Pappe, die anregen wollen, Ähnliches oder gar Neues zu entdecken und zu gestalten. Um kreativ zu werden, müssen Kinder immer wieder Erfahrungen mit dem Material sammeln können. Dazu bedarf es nicht gleich teurer Papiere. Auch Verpackungspapier und -kartons oder Zeitungen finden hier zum Nulltarif gute Verwendung. In Verbindung mit bunten Papierresten, Tapetenkleister oder anderem Klebstoff läßt sich fantastisch experimentieren, basteln, gestalten – sogar Sandalen aus Zeitungspapier sind möglich, wie ein Vorschlag auf den folgenden Seiten zeigt.
Bevor jedoch aus Zeitungspapier Sandalen, aus Transparentpapier Laternen werden, sollten die Kinder mit verschiedenen Papieren, Farben und Techniken langsam an das Material und den Umgang mit ihm herangeführt werden. Das braucht Zeit, Ruhe, Ausdauer und Geduld – Geduld, die auch ErzieherInnen und Eltern aufbringen müssen, denn nur dann ist kreatives Arbeiten möglich.

### Ein Königreich aus Pappkartons

Welche spielerische Vielfalt und Kreativität große und kleine Kartons, Pappröhren und Schachteln den Kindern ermöglichen, braucht nicht länger beschrieben zu werden. Kinder haben tatsächlich genügend Fantasie, wenn wir ihnen Materialien und Gelegenheit zum Gestalten bieten: Dann entstehen Höhlen, Fahrzeuge, ein Puppentheater, Kugelbahnen, ja vielleicht ein ganzes Königreich … Und mit aufgestellten Kartons läßt sich im Sommer schnell ein Reitturnier auf der Wiese veranstalten. Ob bei Regenwetter im Zimmer oder zur Sommerzeit im Garten: Kinder sind immer begeistert, wenn sie mit großen und kleinen Kartons hantieren können. Besondere Freude haben sie, wenn wir ihnen dazu noch Messer und Schere, Pinsel und Farbe geben. Tagelang wird dann gebastelt und gebaut und so auch spielerisch der Umgang mit Werkzeugen erprobt.

### Schneeflocken, die nie schmelzen, und Blumen, die nie verblühen

Beobachtungen aus der Natur können auch für den fantasievollen, kreativen Umgang mit Papier anregend sein: So zeigt im verschneiten Winter ein Blick aus dem Fenster ein eindrucksvolles schwarz-weißes Bild. Diese Stimmung kann mit weißem Seidenpapier auf schwarzer Pappe oder gerissenem Zeitungspapier auf weißem Grund gut nachempfunden werden. Es regt die Fantasie der Kinder an und fördert ihre manuelle Geschicklichkeit, wenn sie Seidenpapier zu kleinen Schneekugeln knüllen oder aus Zeitungspapier schwarz-weiße Mosaike anfertigen. Bevor Kinder beispielsweise das gerissene Papier als Schneeflocken aufkleben, spielen sie zunächst gerne noch mit diesen „Schneeflocken" herum, werfen sie in die Luft, lassen es im Zimmer schneien, um später selbst als Schneeschieber, auf dem Boden kriechend, alles zusammenzuschieben. Auch diese und ähnliche Spielereien gehören zum experimentellen Gestalten mit Papier.
Als Kontrast zum winterlichen Schwarz-Weiß werden Kinder im Frühling und Sommer gern bunte Naturbilder entwerfen. Schnipsel aus farbigen Seidenpapieren, zu kleinen Kugeln geknüllt, mögen sie anregen, prächtig blühende Blumen zu gestalten, die nie verwelken.

## Gold und Silber hab' ich gern

Nicht nur in der Adventszeit ist bei Kindern glänzendes Gold- und Silberpapier beliebt. Auch damit sollen sie zunächst einmal selbständig hantieren und experimentieren, bevor sie an konkrete Bastelarbeiten herangeführt werden. Einige Anregungen, was sich aus diesem Papier basteln läßt, finden Sie auf den nächsten Seiten, doch Ihre Kinder haben sicher noch weit mehr Ideen. Dabei können auch Ihre Bastelarbeiten auf Kinder motivierend und fantasieanregend wirken. Kinder ahmen gerne nach, und überlassen wir ihnen einige Materialien, mit denen wir gerade basteln, entwickeln sie schnell eigene Ideen.

## Falten will gelernt sein

Auch beim Experimentieren mit Papier kommt es nicht darauf an, daß die Versuche Erfolge nach unseren Vorstellungen bringen. Der Weg ist das Ziel. Kinder versuchen gerne, mit einem Blatt Papier ein Flugzeug oder einen Winddrachen zu bauen, und viele ihrer ersten Objekte werden eine Bruchlandung erleben. Doch dieser Weg muß beschritten werden. Dann sind Kinder gerne bereit, unsere Angebote anzunehmen und nach bestimmten Falttechniken ein Flugobjekt zu basteln. Und wer weiß, vielleicht entwickeln sie noch ein besseres Modell.
Bevor Kinder an eine Falttechnik mit festgelegten Schritten herangeführt werden, sollten Sie ihnen zeigen, wie sie ein rechteckiges oder quadratisches Stück Papier (in vielen Farben preisgünstig als Origami- oder Faltpapier zu kaufen) zu einem „Taschentuch", zu einem „Kopftuch", zu einem „Haus" falten können.

- Beim „Taschentuch" wird das Papier Seite auf Seite gelegt, das heißt halbiert gefaltet.
- Beim „Kopftuch" wird Ecke auf Ecke zu einem Dreieck gelegt.
- Beim „Haus" werden zwei Ecken umgefaltet.

Mit diesen drei Figuren können Kinder ein buntes Bild gestalten, wie es später in diesem Buch beschrieben ist. Außerdem haben sie damit eine Grundlage für alle weiteren Faltarbeiten – und für eigene „Faltexperimente".

# Papierschmuck mit Glanz

**Glanz und Glitter stehen bei Kindern hoch im Kurs. Ganz besonders zur Weihnachtszeit. Mit glänzender Bastelfolie läßt sich schnell und einfach festlicher Fenster- und Baumschmuck „zaubern“.**

### Zur Einstimmung

Wenn der Advent da ist, erzählen wir den Kindern vom ersten Weihnachtsfest: Als ein Stern das frohe Ereignis anzeigte und viele Menschen kamen, um das Jesuskind zu sehen und es mit Gold und anderen Kostbarkeiten zu beschenken. So ist es noch heute Tradition, zur Weihnachtszeit die Wohnungen mit Sternen und Goldglanz zu schmücken. Schon die Jüngsten wollen mitmachen und ihren Ideen Gestalt geben.

zweifarbige Goldfolie in Rot-Gold oder Blau-Gold; Schere; je nach Objekt: feiner Blumendraht o.ä.; Goldkordel; Klebstoff; Lineal; Stricknadel

## BAUMSCHMUCK GEKNÜLLT & GEDREHT

### Gestaltungsvorschläge

Die einfachste Gestaltungsart bei Goldfolie ist das Knüllen:

- Handtellergroße Stücke werden leicht geknüllt, dann kommt nur noch ein Aufhängefaden daran – und fertig ist der erste Baumschmuck.
- Kinder, die Geschick und Ausdauer beweisen wollen, knüllen jedes Papierstück auf einer Stricknadel zur Perle. Anschließend etwa zehn Perlen auf einen Draht fädeln (ca. 25 cm lang) und zu einem Ring oder einer Spirale drehen.
- Um einen gedrehten Goldring zu basteln, wird ein etwa 1 cm breiter und 30 cm langer Papierstreifen um eine Stricknadel gewunden, abgezogen und zum Ring zusammengeklebt. Eine feine Goldkordel dient zum Aufhängen.

## GLÄNZENDE STERNE

### Gestaltungsvorschlag

Aus vier Streifen von 1 cm Breite und 7 cm Länge lassen sich auch kleine Sterne kleben. Jeder Stern hat seine eigene Form, wenn man die Breite der Papierstreifen ändert und die Spitzen verschieden zuschneidet.
Die Kinder kleben am besten zunächst jeweils einen Stern aus zwei Streifen zu einem Kreuz. Dann wird ein zweiter Kreuzstern darübergelegt.

Die Sterne können Baum- oder Tischschmuck sein. Oder auch Fenster schmücken. Dazu einfach etwas Tapetenkleister verwenden – je mehr Sterne am Fenster, desto schöner der Effekt.

### Weitere Ideen

- Kinder, die das Jahr über mit Goldfolie basteln wollen, können geknüllte Perlen auch zu Ohrgehängen oder Halsketten auffädeln – nicht nur, um Zigeunerkostüme herauszuputzen.
- Mit Kügelchen aus Goldfolie und einfachen Blütenblättern aus rotem Kreppapier lassen sich auch Serviettenringe gestalten, die an die Blüten von Weihnachtsternen erinnern: Siehe Seite 40.

# Sterne aus Dreiecken

**Aus Dreiecken werden lauter Sterne: Fenstersterne, Faltsterne und Sternschächtelchen.**

## FALTSTERNE

Falt- oder Tonpapier in verschiedenen Farben; evtl. Klebesternchen

### Gestaltungsvorschläge

Für jeden Faltstern benötigen wir ein gleichseitiges Dreieck mit etwa 17 cm Seitenlänge.
Das Dreieck liegt wie ein Hausdach vor uns. An der unteren Seite wird die Mitte durch einen Knick markiert. An diesen Punkt legen wir die obere Spitze.
Nun die rechte untere Spitze zur linken oberen Ecke legen und die linke untere Spitze zur rechten oberen Ecke. Wieder liegt ein Dreieck vor uns, mit einer Spitze auf uns zeigend.
Jetzt die Spitzen nacheinander etwa zur Hälfte wieder aufklappen und nach außen schlagen, so daß ein Stern mit sechs Spitzen entsteht.
Mit einem Klebesternchen kann man ihn in der Mitte zusammenhalten. Verwendet man den Stern als Tischschmuck, kann er offen bleiben und mit einer kleinen Überraschung gefüllt werden.

### Einstimmung

Lauter Dreiecke aus Faltpapier liegen auf dem Tisch. Legt man zwei mit den Ecken versetzt übereinander, erkennt man einen Stern. Aber aus diesen beiden Dreiecken können auch zwei Sterne werden: ein Faltstern und eine kleine Sternenschachtel. Wie das geht, erleben die Kinder, wenn sie uns beim Falten zuschauen.

## Weitere Ideen

- Die kleinen Faltsterne wirken auch am Fenster sehr schön – aus farbigem Faltpapier oder einfachem weißen Malpapier. Mit etwas Kleister können sie an die Scheibe geklebt werden.
- Sie eignen sich auch gut als Einladungskärtchen zu einer Adventsfeier. Der Text wird dann auf den Sternboden geschrieben und der Stern verschlossen überreicht.

## TRANSPARENTE FENSTERSTERNE

transparentes Zeichenpapier (Architektenbedarf)

## Gestaltungsvorschlag

Die Kinder schneiden Dreiecke mit zwei langen und einer kurzen Seite aus transparentem Zeichenpapier zurecht. Mehrere dieser Dreiecke übereinandergeklebt, ergeben einen Fensterstern. Die längste Spitze der Dreiecke zeigt dabei immer nach außen.
Wer mag, kann das transparente Zeichenpapier auch mit Wachsmalblöcken einfärben.

# Frühlingsideen

**Hyazinthen künden den Frühling an, und Schmetterlinge bezeugen, daß der Winter nun endlich vorbei ist. Wir schauen der Natur zu und basteln beides als frühlingshaften Fensterschmuck nach – aus zartem, buntem Papier**

### Einstimmung

Stecken Sie unbemerkt in eine kleine, dünne Kissenhülle einen Bogen Packpapier und in eine andere Stoffhülle einen Bogen Seidenpapier.
Die Kinder nehmen die Kissenhüllen in die Hand: Zuerst, um das Gewicht zu spüren. Dann, um die Hüllen von außen zu betasten: Ist da ein Rascheln zu hören? Nun dürfen die Kinder mit geschlossenen Augen in jede Hülle hineinfassen und das Papier befühlen. Sicher werden sie die Unterschiede wahrnehmen. Jedes Kind darf sich jeweils ein Stück Papier abreißen und zu einer kleinen Kugel knüllen; auch hier werden Unterschiede deutlich.
Welches Papier eignet sich wohl am besten, um einen Schmetterling oder kleine Blüten zu basteln? Ganz sicher werden sich die Kinder für das feine Seidenpapier entscheiden.
Bevor die Arbeit beginnt, sollten Kinder auf jeden Fall die Möglichkeit haben, echte blühende Hyazinthen und Schmetterlinge in der Natur und auf Fotos genau zu betrachten.

## Hyazinthen im Korb

pro Blume 1 bis 2 Bögen Seidenpapier, $^{1}/_{2}$ Pappröhre von Küchenpapier; Reste von grünem Kreppapier; Klebstoff; Blumentopf oder Spankorb; Kieselsteine

### Gestaltungsvorschlag

Zunächst wird ein Bogen Seidenpapier in handtellergroße Stücke gerissen, aus ihnen knüllen die Kinder lauter kleine Kügelchen.
Eine halbe Pappröhre oben mit etwas Seidenpapier verschließen. Stück für Stück mit Klebstoff bestreichen, und darauf die Kügelchen als kleine Blüten dicht anordnen. Den unteren Teil der Röhre frei halten, um hier rundherum grüne Kreppapierblätter anzukleben. Die fertige Blume in einen Topf oder Korb setzen und Kieselsteine auffüllen.

## Schmetterlinge aus Seidenpapier

Seidenpapier; farblich passendes Knetwachs; trockene Gräser; Schere

### Gestaltungsvorschlag

Aus Seidenpapier eine Schmetterlingsform schneiden. Knetwachs geschmeidig kneten und zu einer dünnen Wurst rollen, auf die Hälfte zusammenlegen, um dazwischen die Schmetterlingsform einzuschließen. Die Fühler können trockene Gräser - möglichst mit winzigen Vergabelungen - sein, wie wir sie an trockenen Blütenendolden oder zarten Sträuchern finden.
Solch ein Schmetterling haftet mit seinem Wachskörper gut an Fensterscheiben oder auf rauhem Wandputz.

Auf einen Bastelspieß gesteckt, kann er auch einen Blumentopf schmücken.

Bastelarbeiten aus Seidenpapier möglichst nicht dem prallen Sonnenlicht aussetzen, da ihre Farben schnell verblassen.

### Weitere Ideen

Aus Kreppapier und Seidenpapierkügelchen lassen sich auch frühlingshafte Serviettenringe mit Sonnenblumen gestalten: Zunächst aus festerem Papier einen Ring kleben, etwa 2 cm breit, 3 cm ∅. Eine Papierscheibe in Größe eines Zweimarkstücks darauf befestigen, und diese mit Kügelchen aus braunem Seidenpapier bekleben. Aus gelbem Kreppapier (3 x 6 cm Größe) ovale Blätter zuschneiden und unter der Papierscheibe zu einer Blüte anordnen.
Eine Papierserviette über Eck ziehharmonikamäßig falten, auf die Hälfte zusammenlegen und durch den Serviettenring ziehen.

# Aus Kreisen & Streifen

**Bunte Figuren aus Papierstreifen und ein Osterkorb aus einem Papierkreis: So vielseitig und einfach läßt sich Papier verarbeiten.**

## Einstimmung

Nach einem Erlebnisspaziergang überlegen wir, woran wir erkennen können, daß der Frühling eingekehrt ist. Da sind Bäume und Blumen, die zu grünen und zu blühen beginnen. Da ist das Zwitschern der Vögel, die eifrig Material sammeln, um ihr Nest zu bauen. Da sind Hasen, die das erste Grün genießen. Und ringsherum reden alle von Ostern. Während die Großen die Frühlingssonne nutzen, um Haus und Garten herauszuputzen, wollen auch die Kinder ihren Beitrag leisten und die Wohnung frühlingshaft schmücken. Und besonders gern basteln sie Osterkörbchen.

### OSTERKORB

festes Tonpapier; Unterteller und Tortenplatte o.ä. bzw. Zirkel; Schere; Bleistift; Lineal; Klebstoff

## Gestaltungsvorschlag

Wir zeichnen mit Hilfe einer Tortenplatte einen Außenkreis von etwa 33 cm ∅ auf Tonpapier. Hier legen wir einen Unterteller hinein, um einen Innenkreis von etwa 15 cm ∅ zu ziehen. Nun den Außenkreis aus dem Papierbogen ausschneiden, dabei bleibt der Innenkreis unberührt.
Mit einem Lineal oder ähnlichem teilen wir diese „Torte" in sechzehn „Kuchenstücke" ein. Am einfachsten gelingt dies, wenn wir die „Torte" mit einem Strich halbieren, dann vierteln, die Viertel nochmals teilen und die erhaltenen Achtel wiederum halbieren. Die Linien jedesmal am Innenkreis unterbrechen; er wird später den Boden des Körbchens bilden. Diese „Maßarbeit" übernehmen wahrscheinlich am besten Erwachsene.
Kinder können nun mit einer Schere auf den gezeichneten Linien die Einschnitte machen. Anschließend die Laschen am Innenkreis knicken, damit sie hochstehen. Jede Lasche etwa 2,5 cm weit über die nächste Lasche kleben. Bald wird jetzt schon die Form des Körbchen sichtbar.
Den Henkel bildet ein Tonpapierstreifen von etwa 3 x 40 cm.
Zum Schluß kann das Körbchen mit bunten Motiven aus Papier oder Farbe verziert werden.

## FRÜHLINGSMOTIVE

ca. 1,5 cm breite Tonpapierstreifen in verschiedenen Farben; Schere; Klebstoff

### Gestaltungsvorschläge

- Aus bunten Papierstreifen gestalten die Kinder ganz nach ihrer Fantasie einfache Bilder wie Hase, Vogel oder Blüte. Dazu formen sie die Streifen zu Kreisen oder Tropfen und kleben sie zusammen. Je nach Größe können die Figuren an einen Knospenzweig oder ans Fenster gehängt werden.
- Blüten eignen sich sogar als Halter für kleine Kerzen, wenn der Innenkreis der Kerzengröße angepaßt wird. Dann einfach die Kerze in die Blütenmitte stecken.

# Streifen weben & wickeln

**Aus alten Kalenderblättern werden bunte Tischsets und aus Zeitungspapier Sandalen. Eine schöne Verwendung für Altpapier!**

### Einstimmung

Bei unseren Kindern ist Umweltschutz schon ein Thema. Dabei sollten wir sie nicht ständig mit der Problematik belasten, sondern ihnen auch ganz praktische Möglichkeiten aufzeigen, wie wir unseren „Abfall" noch sinnvoll verwerten können. Zum Beispiel, indem wir aus Altpapier Geschenke basteln: bunte Tischsets weben, Schachteln mit gewebtem Papier beziehen, aus Zeitungspapier Untersetzer wickeln – oder auch tolle Sandalen für die Sommerferien!
Und während der Bastelarbeit läßt sich gut mit Kindern darüber plaudern, woraus und wie Papier überhaupt entsteht. So können sie leichter verstehen, warum Papier nicht zum Wegwerfen bestimmt ist.

## TISCHSETS & GESCHENKESCHACHTELN

Kalenderblätter; Lineal; Bleistift; Schere; Klebstoff; Stecknadeln; Korkplatte oder eine dicke Lage Zeitungspapier als Arbeitsunterlage; transparente Selbstklebefolie; evtl. Verpackungsschachteln

### Gestaltungsvorschläge

◎ Grundlage für diese Arbeiten ist das Weben mit Papier.
Für ein Tischset nutzen wir zwei Kalenderblätter, die jeweils etwa die Größe des gewünschten Sets haben. Zunächst teilen wir jedes Blatt in 1 cm breite Streifen, damit wird anschließend gewebt. Etwa die Hälfte der Streifen dicht nebeneinander auf eine Korkplatte legen (Format, wie gewünscht). Damit sie nicht verrutschen, werden sie an einer Seite mit Nadeln fixiert. Die restlichen Streifen nun in die festgesteckten Papierstreifen einweben. Während des Webens und zum Schluß die Streifen dicht aneinander schieben. Hat das Flechtwerk die gewünschte Größe, werden die Streifenenden am Rand festgeklebt und der Rand eventuell gerade geschnitten. Transparente Klebefolie schützt Papiersets vor Schmutz.
◎ Flechtwerke dieser Art können auf Käseschachteln oder andere Verpackungsschachteln geklebt werden. Darin lassen sich bestens kleine Geschenke verpacken wie beispielsweise Naschwerk, Glasmurmeln, Luftballons, Briefmarken, ein Stofftaschentuch, Knete, Perlen, Wachsmalblöcke, Sterne für den Tannenbaum und vieles mehr.

### Weitere Ideen

Auch Streifen aus gefaltetem Zeitungspapier lassen sich nach dem gleichen Prinzip weben. So entstehen beispielsweise feste Sitzunterlagen. Sie sind prima geeignet, wenn Kinder auf kühlen Fußböden sitzen und spielen möchten.
Ganz kreative Kinder flechten sogar Papierkörbe oder Henkelkörbchen aus Zeitungspapier, die stabiler sind, als so mancher glaubt!

## ZEITUNGSSANDALEN

für ein Paar Kindersandalen: 20 Doppelseiten Zeitungspapier; Klebstoff

### Gestaltungsvorschlag

Große Zeitungsbögen werden jeweils, ausgehend von der unteren linken Ecke bis hin zur rechten oberen Ecke, zu Streifen von 2 bis 3 cm Breite gefaltet. Diese Breite ergibt die Stärke der Sohle.
Damit die Sohle ihre ovale Form erhält, den ersten Streifen nach etwa 7 cm knicken, dann den Rest dieses Streifens und alle weiteren Streifen rund um dieses Stück wickeln. Dabei immer Anfang und Ende der Streifen mit Klebstoff einstreichen. Hat die Sohle die richtige Größe, wird noch vor dem letzten Streifen eine Schlaufe für den Fuß über und unter die Sohle gelegt. Dabei soll die Schlaufe oben so hoch sein, daß gerade ein Kinderfuß hineinschlupfen kann. Den letzten Streifen der Sohle der Länge nach mit Klebstoff einstreichen.
Wer möchte, gibt den Sandalen noch extra Sohlen aus Zeitungspapier oder Wellpappe.
Jetzt können die Sandalen im Haus, aber auch draußen getragen werden. Sie halten mehr aus, als man denkt. Allerdings sollten sie nicht naß werden.

### Weitere Ideen

Mit Streifen von etwa 1,5 cm Breite lassen sich nach dem gleichen Prinzip kleine Untersetzer und runde oder ovale Sitzunterlagen wickeln.

# Für kleine Indianer

**Kinder tauchen immer wieder gerne in das Indianerspiel ein.
Zur Bemalung noch ein bunter Kopfschmuck,
und schon wird uns ein kleiner Indianer zum Spielen auffordern.**

### Einstimmung

Ein Besuch im Völkerkundemuseum oder ein Indianermärchen kann die Kinder leicht motivieren, sich mit dem Leben der Indianer zu beschäftigen. Sie erfahren, wie handwerklich geschickt dieser Volksstamm war und wie fantasievoll die Indianer ihre Werkzeuge und Kleidungsstücke, ja selbst das Spielzeug für die Kinder gestalteten. Denn Indianerkinder spielten gern, genauso wie unsere Kinder heute. Was liegt da näher, als sich selbst etwas fürs Indianerspiel zu basteln?

## FLUGKREUZ

Zeitungspapier;
kräftiger Faden;
Wasserfarben und Pinsel

### Gestaltungsvorschlag

Indianerkinder konnten sich die Zeit mit den einfachsten Dingen vertreiben – etwa mit einem Flugkreuz aus Holz. Solch ein Flugkreuz läßt sich jedoch auch einfach aus Zeitungspapier basteln: Eine Doppelseite von der schmalen Seite her zu einem 3 cm breiten Streifen wickeln. Jeweils zwei Streifen mit einem kräftigen Faden zu einem Kreuz zusammenbinden. Dann zwei Kreuze zu einem Stern binden. Kinder, die ihr Flugkreuz nach Indianerart ausschmücken wollen, bemalen jeden gefalteten Streifen mit einem bunten Muster.

### Spielvorschläge

- Ein Stock, in den Boden gesteckt, zeigt das Ziel an. Welchem kleinen Indianer gelingt es, sein Flugkreuz aus zehn Schritten Entfernung ganz nah an den Stock zu werfen?
- Zwei Kinder werfen einander ein Flugkreuz zu. Schaffen sie es, das drehende Kreuz aufzufangen, bevor es den Boden erreicht?

## INDIANER-KOPFSCHMUCK

Verpackungs-Wellpappe; Federn oder je 1 m Papierkordel in Rot und Gelb, Wasserfarben und Pinsel; Klebstoff; Schere; evtl. Büroklammer

### Gestaltungsvorschlag

Wellpappe in 4 cm breite Streifen schneiden. Einen Streifen nehmen wir als Stirnband, nach dem Bemalen wird es mit einer Büroklammer oder mit Klebstoff zusammengehalten. Seitenbänder, ebenfalls mit Farbe bunt bemalt, ans Stirnband kleben.

Nun fehlen nur noch Federn. Wer mag, kann echte Federn verwenden. Oder aber Papierkordel in etwa 12 cm lange Stücke schneiden, leicht auseinanderziehen und aus jedem einzelnen Stück etwa 3 cm breite Streifen schneiden. Die Streifen in ihrer Mitte nochmals etwas dehnen und an den Enden zusammendrehen. Diese „Federn" nach Belieben anmalen. Dann in etwa jedes dritte Loch des Wellpappstreifens eine Feder stecken. Es empfiehlt sich, die Federn vorher leicht mit Klebstoff zu bestreichen.

### Weitere Ideen

- Indianermädchen können auf die gleiche Weise bunte Stirnbänder basteln und mit Federn schmücken.
- Aus frischen Maiskörnern (oder zuvor in Wasser eingeweichten Körnern) lassen sich hübsche Halsketten anfertigen. Anstelle von Zähnen erlegter Tiere, wie sie die Indianer gern an ihren Ketten trugen, können wir Samenkerne von Eicheln nutzen.

# Schnell gefaltet

**Kleine Flugdrachen und bunte Briefumschläge: beides kinderleicht zu falten – und dann gut zum Spielen oder zum Verschenken geeignet.**

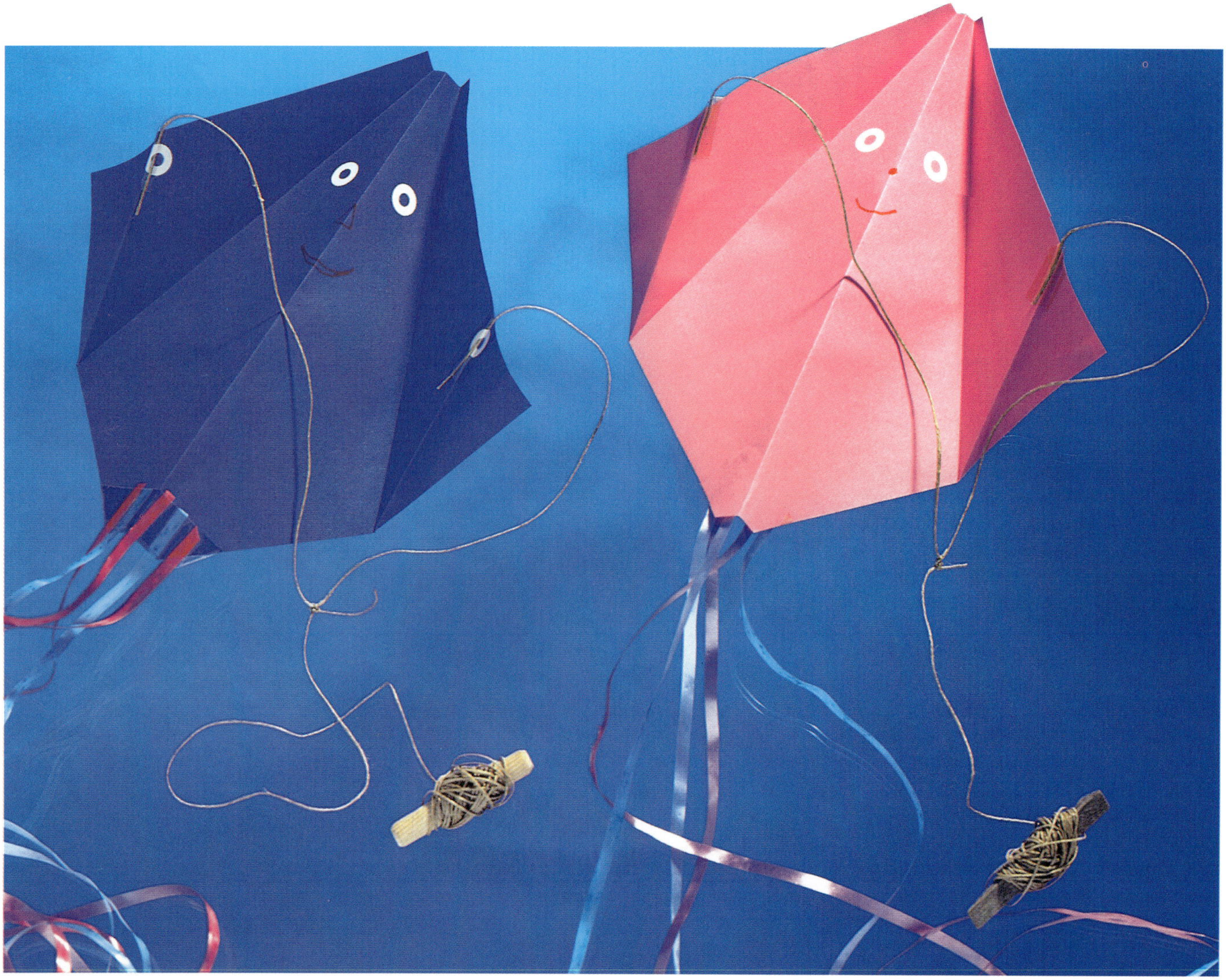

## Einstimmung

Im Sommer können Kinder gut beobachten, daß dünnes Papier in der warmen Luft leicht schwebt. Da liegt es nahe, diesen Effekt zu nutzen: Mit ein paar wenigen Faltkniffen wird aus einem kleinen Papierquadrat ein Flugdrachen. Bedruckte Kalenderpapiere dagegen sind schwerfälliger, lassen sie es Kinder einmal ausprobieren.
Um Kalenderblätter auf die Reise zu schicken, verwandeln wir sie ganz einfach in Briefumschläge.

## KLEINE FLUGDRACHEN

Origami- oder Schreibpapier, 20 x 20 cm; Klebstoff; Steigschnur; Ringelband

### Gestaltungsvorschlag

Ein Papierquadrat zuerst diagonal falten. Die oben liegende offene Kante zur Faltkante zurückklappen, dann wieder zur mittleren Faltkante umschlagen.
Die Arbeit umdrehen, und den Vorgang hier wiederholen.
An beiden Spitzen etwa $^1/_2$ cm abschneiden.
Zum Schluß den Drachen leicht auseinanderfalten, so daß die Mittelfalte hochsteht.
Jetzt an den äußeren Falten oben eine etwa 50 cm lange Schnur ankleben und jeweils von beiden Seiten mit kleinen Papierstückchen verstärken. In der Mitte der Schnur die Drachenschnur befestigen.
Als Schwanz drei Ringelbänder (1 m) ankleben.
Sollte der Drachen nicht gut steigen, den Schwanz etwas kürzen. Schlängelt der Drachen leicht über dem Boden hin und her, kann ein weiteres Band dazugeklebt werden.

## BUNTE BRIEFUMSCHLÄGE

große Kalenderbilder mit unbedruckter Rückseite; Schere; Klebstoff; selbstklebende Etiketten

### Gestaltungsvorschlag

Briefumschläge in verschiedenen Formaten an ihren Klebestellen auseinandertrennen, als Vorlage auf die Rückseite eines Kalenderbildes legen, die Formen aufzeichnen, ausschneiden und zu Umschlägen falten.
Nun entweder vor dem Zusammenkleben direkt die Innenseite des Umschlags beschreiben, oder später einen Briefbogen einlegen.
Auf die Vorderseite des Umschlags ein Etikett für die Adresse kleben.
Diese Briefumschläge kann man lieben Freunden zusenden.
Kinder nehmen sie aber auch gerne zum Postspiel.

## Weitere Ideen

- Für Postspiele können sich Kinder aus Postprospekten Briefmarken ausschneiden oder alte abgelöste Briefmarken verwenden. Als Stempel eignen sich Flaschenkorken, die in ein feuchtes Wasserfarbnäpfchen gedrückt werden.
- Wer mit einem besonderen Briefumschlag auch außergewöhnliches Briefpapier verschicken will, nimmt Schreibmaschinenpapier, legt es auf eine weiche Unterlage (Styropor, Kork, dickes Frotteetuch) und sticht mit einer dicken Nadel an einer Ecke ein kleines Motiv ein.
- Auch Heft- oder Buchumschläge, aus zwei großen Kalenderbildern geklebt, wirken sehr schön.

# Bilder & Figuren falten

**Ob Haus oder Blume, Wichtel oder Drachen, all diese Figuren sind aus Papierquadraten leicht zu falten.**

ICH WÜNSCHE MIR VOM FRÜHLINGSWIND
EINEN WICHTEL MIT EINEM KIND,
EINEN REGENSCHIRM IM ARM,
EIN GROSSES HAUS – INNEN KUSCHLIG WARM,
BLUMEN VOR DER WOHNUNGSTÜR,
AM HIMMEL EIN BUNTES DRACHENTIER.
DIES ALLES, MEIN LIEBES KIND,
WÜNSCH´ ICH MIR VOM FRÜHLINGSWIND.

## Einstimmung

Mit diesem kleinen Gedicht können wir schon Dreijährige anregen, ein Bild aus bunten Papierquadraten zu gestalten. Nur zwei, drei Faltkniffe sind für jedes Teil notwendig, die wir – wie jede neue Faltarbeit – dem Kind zuerst einmal zeigen.
Ältere Kinder werden mit den Papieren zunächst „experimentieren" und Figuren nach eigenen Vorstellungen falten.

quadratisches Faltpapier in verschiedenen Farben und Größen; Klebstoff; Farbstifte; evtl. Schere

## Gestaltungsvorschläge

**Haus:** Die oberen Ecken eines Quadrates werden eingeschlagen und festgeklebt – schon haben wir ein Haus.
**Wichtel und Drachen:** Wir falten ein auf der Spitze stehendes Quadrat zu einem Dreieck (senkrecht), klappen es wieder auf und schlagen die beiden äußeren Ecken mit den Rändern an die Faltlinie. So entsteht eine Raute.
Beim Wichtel zeigt die lange Spitze nach oben, beim Drachen nach unten.
**Regenschirm:** Die Grundform ist die gleiche wie beim Drachen, zusätzlich wird die obere Spitze nach unten geschlagen.

◎ **Blumen:** Wir falten ein auf der Spitze stehendes Quadrat zu einem Dreieck, dabei wird diesmal die untere Spitze hochgeklappt. Nun noch die rechte und linke Ecke nach oben falten.

◎ Kindern macht es Spaß, aus diesen Motiven ein buntes Bild zu kleben. Wiese, Wolken, Sonne und Gartenweg können aus Papierresten gerissen oder geschnitten und aufgeklebt werden.
Die Figuren bekommen mit Farbstiften ihren letzten Schliff.

## Weitere Ideen

◎ Wichtelfiguren können auch über ein kleines Geschenk gestülpt werden. Wie wär´s mit einem Klebestift und einer Kinderschere, einer Tube Zahnpasta und einer Zahnbürste oder einer süßen Überraschung? Übrigens, mehrere Wichtelkostüme in unterschiedlicher Farbe und Größe übereinandergestülpt, ergeben besonders fröhliche Figuren.

◎ Mit Hilfe von Musterbeutelklammern lassen sich auf der Rückseite einer Wichtelfigur Arme beweglich befestigen. Bringen wir einen Querfaden zwischen den Armen an und daran einen Längsfaden, haben wir einen Hampelwichtel.

◎ Aus kleineren Quadraten können Kinder Fingerwichtel falten.

# Im Reich der Farben

# Die Farben des Regenbogens

## FARBEN WAHRNEHMEN UND EMPFINDEN

Welche Farbe hat die Welt?
Was für eine Frage! Bunt natürlich: Es gibt blaue Meere, gelben Wüstensand, Morgenrot, grüne Wiesen, braunes Ackerland ... Doch ist das Gras wirklich grün? Das Meer blau? Unsere Wahrnehmung der Farben steht in ganz engem Zusammenhang mit dem Licht. Nur mittels Licht können wir Farben wahrnehmen! Und dies bereits, wenn wir wenige Wochen alt sind. Obwohl wir das Sonnenlicht als farblos empfinden, ist es eine Kombination aus verschiedenen Farben, nämlich aus denen des Regenbogens: aus Rot, Orange, Gelb, Grün, Blau, Indigo, Violett. Ohne Licht aber ist unsere Welt grau.
Farben lösen bei uns Assoziationen und Gefühle aus. Mit der Farbe Gelb verbinden wir Licht und Wärme; Rot hat Signalcharakter, es kann belebend und auch aggressiv wirken. Starke Hell-dunkel-Kontraste können in uns Gefühle wie Traurigkeit oder Angst, Hoffnung und Fröhlichkeit wecken.
Sicher haben Sie schon bemerkt, daß Kinder ganz bestimmte Farben aus der großen Farbskala bevorzugen. Rot ist dabei ihr Favorit. Natürlich lieben sie auch Buntheit mit klaren Farben. Und je älter sie werden, desto mehr interessieren sie sich für Mischfarben und später dann für Farben und Formen.
Diese wissenschaftlich belegten Erkenntnisse geben uns auch den Hinweis, daß es sinnvoll ist, Kinder zunächst mit Farben, und zwar mit wenigen Farben, dann erst mit Formen zu konfrontieren. Das bedeutet für die Praxis, daß wir Kindern früh Gelegenheiten schaffen sollten, Farben ausgiebig kennenzulernen. Hervorragende Möglichkeiten, sich selbständig mit Farben auseinanderzusetzen, haben Kinder beim Malen. Die unmittelbarste Art und Weise, mit Farben umzugehen, erfahren sie, wenn sie mit ihren Fingern malen dürfen! Wenn sie Fingerfarben aufnehmen und – ganz ohne fremdes Werkzeug – zum Beispiel auf Fensterscheiben malen.
Dem Malen können wir durchaus den gleichen Stellenwert zuordnen wie dem Spielen. Hier wie dort sollten die Kinder Freiräume, Zeit und Material zur Verfügung haben.
Und sie müssen ungestört sein können. So wie wir nicht gerne aus einer Arbeit herausgerissen werden, auf die wir uns konzentrieren, leiden Kinder darunter, wenn Erwachsene sie beim Malen ständig unterbrechen und sie über die Farbwahl oder den Umgang mit Pinsel und Wasser belehren. Haben Sie Verständnis für die Kinder – und vertrauen Sie ihrer Fantasie und Kreativität.

# Rote Tupfen, blaue Striche, gelbe Kleckse

## KINDER LERNEN FARBEN KENNEN

### Was Kinder zum Malen brauchen

- Wer Kindern eine Freude machen will, läßt sie im Stehen malen. Das kann am Tisch, am Fenster, an der Wand oder einer Staffelei sein. Ideal sind Wände mit abwaschbarem Anstrich oder Spanplatten, die schräg an eine Wand oder den Gartenzaun gestellt werden (Steine, gegen die Unterseite gelegt, verhindern das Wegrutschen).
- Viel wichtiger als eine große Auswahl an Farbtönen ist es, daß wir den Kindern verschiedene Malwerkzeuge anbieten. Denn sie werden staunen, welche Effekte entstehen, wenn Farben mit den Fingern, mit Pinseln verschiedener Art und Stärke, einem Schwamm, Bürsten, Federn, Korken, Lappen, Schaumstoff oder Strohhalmen auf Papier oder Pappe, Holz oder Stoff aufgetragen werden. Kindern macht es auch Freude, sich einen Pinsel selbst herzustellen: Einfach einen Stofflumpen, ein Stück Naturschwamm, ein Federbüschel, Besenhaare oder Tierhaare, wie wir sie an Weidezäunen finden können, an einen kleinen Stock binden.
- Kinder benötigen zum Malen ein ausreichend großes Stück Papier. Fragen Sie doch einmal in Druckereien nach, hier erhalten sie oft kostenlos Reste. Auch Tapeten und die Rückseite von Packpapieren, großen Kalendern oder Plakaten eignen sich gut. Außerdem sollten Kinder besondere Papiere bemalen dürfen: Transparent- und Tonpapier, Aquarell- und Batikpapier (Japanpapier), Seiden- und Löschpapier. Denn jedes Papier reagiert anders. Aber auch Holz oder Glas kann bemalt werden! Solche Erfahrungen machen Kinder neugierig und fordern ihre Kreativität heraus.
- Ebenso unerläßlich sind verschiedene Farbenarten! Hier nur einige Beispiele: Kreide, Wachsmalkreide, Holzfarbstifte, Fingerfarben, Wasserfarben, Plakafarben, flüssige Aquarellfarben, Beize und Tusche. Entcheiden Sie sich für qualitativ gute Farben – so macht das Malen mehr Freude.

### Mit dem ganzen Körper

Noch bevor ein Kind mit Stiften, Farbblöcken, Pinseln und anderen Malwerkzeugen malt, sollte es die Möglichkeit haben, mit Farbbrei oder zähflüssiger Farbe zu schmieren und zu klecksen. So ein Farbbrei läßt sich aus Farbpulver (Farbpigmente aus dem Fachhandel) und beispielsweise Leinöl leicht selbst anrühren. Dabei genügen dem Kind ein oder zwei Farben. Die Erfahrungen, die es hier macht, sind die Wurzeln des kreativen Malens überhaupt.
Ähnlich wichtig ist es, daß bereits Kleinkinder und Kindergartenkinder immer wieder mit beiden Händen malen dürfen. Dazu wird das Papier mit Klebstreifen befestigt, damit es nicht verrutscht. Die Kinder verteilen die Farbe mit beiden Händen, verstreichen sie und ziehen schwungvoll und rhythmisch mit den Fingern Linien in die Farbschicht ... Wenn die Hände nicht mehr leicht über die Farbe gleiten, sollten sie mit etwas Wasser angefeuchtet werden.
Wer ein Muster „festhalten" möchte, legt einen großen Bogen Papier darauf, drückt es ein wenig an und zieht es dann wieder ab. Das Bild erscheint seitenverkehrt als Abdruck.
Die Bewegung der beiden Hände beim Malen überträgt sich auf den ganzen Körper, ja selbst der Atemrhythmus paßt sich an. Die gesamte Motorik lockert sich, was das Kind als sehr angenehm und befreiend empfindet.

### Linien und Punkte, Kleckse und Flächen

Wenn Kinder mit dem Pinsel oder anderen Malwerkzeugen Farbe auf Papier auftragen wollen, sollte ihnen zunächst nur ein Farbnapf zur Verfügung stehen. Im Kindergarten wie zu Hause sind einzelne Farbnäpfe großen Malkästen mit winzigen Farbtabletten vorzuziehen. Zu Beginn eignet sich am besten eine der drei Grundfarben, nämlich Gelb oder Rot oder Blau.
Dreijährige beobachten gerne, welche „Bilder" ihre blauen oder roten Pinselstriche auf Papier ergeben.

Sie ziehen breite oder schmale Linien, Kreise, Schleifen, setzen feine und dicke Punkte, malen Linien zu Flächen aus. Noch spannender wird es, wenn sie zusehen können, wie Farbpunkte oder Linien auf nassem Papier auseinanderlaufen.
Ein Farbspiel mit Murmeln ist besonders interessant: In eine Käseschachtel eine Murmel legen, die zuvor immer wieder im Farbnapf eingefärbt wird, dann in der Schachtel umherrollt und Linien hinterläßt. Schneidet man für den Schachtelboden Papier zu, können ständig neue Bilder gezaubert werden.

## Wenn das Gelb dem Blau begegnet

Für alle Kinder ist es ein Erlebnis, wenn Farben sich mischen: Zusehen, wie das Gelb reagiert, wenn ihm das Blau begegnet, oder wenn Rot und Gelb sich umarmen.
Beim eigenständigen Mischen der Grundfarben (Primärfarben) lernen Kinder nicht nur, wie Violett, Grün oder Orange (Sekundärfarben) entsteht, sie erkennen auch, daß Grün nicht gleich Grün und Blau nicht gleich Blau ist, sondern jede Farbe in vielen Nuancen, in hellen oder dunklen Tönen erscheinen kann.
Irgendwann beginnen Kinder von selbst, Sekundärfarben mit Primärfarben zu mischen. Die Entdeckung dieser Farbenwelt wird ihnen vorenthalten, wenn sie von klein auf eine große Farbpalette im Malkasten zur Verfügung haben.
Auch das Beimischen von Deckweiß ist interessant. Die Pastelltöne, die sich dabei ergeben, bringen Kinder schnell auf die Idee , kleine Sahnetörtchen zu malen oder selbstgeformtes Salzteiggebäck einzufärben.

Wie vielfältig Farben sind, erkennen Kinder auch, wenn wir sie nach Farbtönen suchen lassen. Dies kann in der Wohnung, im Kindergarten oder in der Natur sein: zum Beispiel wenn sie in ihrer Umgebung auf die Suche nach den „Kindern" der „Familie Blau" gehen.
Wir können außerdem gemeinsam mit den Kindern ein Farbenbilderbuch herstellen: Hier kommen selbstgemischte Farbtöne hinein und passende Bilder, die aus Katalogen und Prospekten ausgeschnitten wurden.
Kindern macht es zudem viel Spaß, einen Farbkreisel zu basteln. Dazu werden auf eine Pappscheibe im Wechsel rundum breite rote und gelbe Streifen gemalt. Die Scheibe auf ein kleines, angespitzes Hölzchen stecken und drehen. Staunend stellen die Kinder fest, daß sie beim Drehen nicht Rot und Gelb sehen, sondern Orange. Das gleiche geht natürlich auch mit Blau und Gelb.

## Farben selbstgemacht

Malfarben können Kinder gut selbst herstellen.
◎ Ein ganz einfaches Rezept ist folgendes: Ein Stück farbige Kreide in Stücke brechen, mit einem Löffelrücken zu feinem Pulver zermahlen, dann tropfenweise etwa zwei Teelöffel Speiseöl hinzufügen und rühren, bis die Mischung glatt ist.
◎ Ebenso eignen sich hierzu Lebensmittelfarben, die wasserlöslich und unschädlich sind.
◎ Kinder bestaunen immer wieder Farben, die uns die Natur schenkt. Meist sind sie besonders zart, doch auf hellem Papier oder Stoff gut sichtbar.

Hier einige Rezeptbeispiele:
**Gelb:** Ringelblumen, Safran, Gelbwurz, Schafgarbe mit wenig Wasser kochen.
**Rot:** Kirschen oder Holunderbeeren zerdrücken und auspressen. Oder starken Hagebuttentee kochen. Oder Rote Beete reiben.
**Grün:** Spinat, Gräser, saftige Blätter zerkleinern und auspressen.
**Braun:** Kaffeesatz, Sud von Schwarztee oder Zwiebelschalen herstellen.
**Violett:** Blauholz kochen oder Blaubeeren auspressen.
◎ Farbpulver (Farbpigmente aus dem Fachhandel, Künstlerbedarf) und Tapetenkleister vermischt, ergeben auch Malfarben. Zum Experimentieren und Basteln kann unter den Farbbrei noch feingesiebter Sand gemischt werden. Den Farbbrei – mit oder ohne Sand – am besten mit den Händen auf Papier auftragen; im feuchten Zustand mit Stöcken, Kämmen oder Kartonstreifen (mit Zickzack) Motive einarbeiten. Danach trocknen lassen und glatt pressen. Glanz erhalten die Farbspiele nach dem Trocknen, wenn man sie mit einem Lappen und etwas Lederfett poliert.
Was mit Farben und verschiedenen Malwerkzeugen noch möglich ist, zeigen Ihnen Ihre Kinder und die nächsten Seiten in diesem Kapitel.

# Buntes Leuchten

**Bei bunt bemalten Laternen und transparenten Fensterbildern gibt es schöne Licht- und Farbenspiele. Bereits beim Basteln.**

## Einstimmung

Mit Öl getränktes Papier wird durchsichtig und läßt – ähnlich wie Transparentpapier – Licht hindurchschimmern, sei es Tageslicht oder Kerzenlicht.
Die Sommersonnwende und das Johannesfest im Juni mögen Anlaß sein, mit Kindern über die Kraft von Sonne und Licht nachzudenken. Die Sonne erreicht zu dieser Zeit ihren höchsten Stand. Wir erinnern uns, wieviel Licht und Wärme sie uns im Frühling und Sommer, Herbst und Winter schenkt. Diese Gedanken können wir mit Kindern in bunten Laternen und transparenten Jahreszeitenbäumen verbildlichen.

## LATERNEN

Zeichenblock- oder Kopierpapier, A3; Wassermalfarben; Salatöl und Borstenpinsel; Käseschachtel, ca. 13 cm ∅; Kerzenhalter für Laternen (Bastelladen) oder Teelicht; Blumendraht o.ä.; Klebstoff; Schere

## Gestaltungsvorschlag

Einen 45 cm langen, 15 cm breiten Papierstreifen schneiden und anfeuchten. Nun färben die Kinder das nasse Papier bunt ein: Es ist ein Schauspiel, wie die Farben verlaufen! Das Papier, wenn es wieder trocken ist, mit Salatöl bepinseln.

Überschüssiges Öl kann man mit einem Papiertuch abtupfen. Über Nacht trocknen lassen.
Eine Käseschachtel anmalen.
Dann das Papier am Innenrand des Bodens festkleben; ebenfalls die Naht mit Klebstoff schließen. Den Deckel, dessen Mittelteil herausgetrennt wurde, aufsetzen. Fehlt ein Deckel, kann die Laterne oben auch mit einem Pappstreifen verstärkt werden.
Bei Tischlaternen ein Teelicht mit ein paar Wachstropfen befestigen. Bei Martinslaternen spezielle Laternenkerzenhalter verwenden. Blumendraht zu einem Henkel biegen, am oberen Laternenrand einstecken und daran einen Laternenstock befestigen.

## Weitere Ideen

- Die Kinder können auf trockenes Papier zunächst mit Buntstiften Motive (hier rote Herzen) zeichnen, diese dann mit Wasserfarben übermalen. Nach dem Trocknen einölen.
- Aus Scherenschnittpapier (etwa 45 x 10 cm) eine Ziehharmonika falten (Breite 3 cm), an einem Rand ein Motiv einschneiden, den Streifen auseinanderziehen und rund um die Laterne kleben.
- Auch die Technik der Jahreszeitenbäume läßt sich gut für Laternen anwenden.

## JAHRESZEITENBÄUME

Tonpapier oder -karton in Schwarz; Transparentpapier in Rosa, Gelb, Orange, Weiß; Tusche in Schwarz und Trinkhalme (mit Knick); Bastelstäbchen o.ä.; Plakafarben in Weiß, Rot, Gelb; Naturschwämmchen; Klebstoff; Schere; Küchenkrepp

### Gestaltungsvorschlag

Für jede Jahreszeit ein Baumgerüst aus Tonpapier oder Tonkarton doppelt ausschneiden.
Transparentpapier in etwa der Baumgröße anpassen, jeweils zwischen zwei Gerüstteile kleben, das überstehende Papier zurechtschneiden.
Dann ist das Geäst an der Reihe: Mit einem Holzstäbchen immer wieder einen Tropfen auf das Transparentpapier setzen und mit einem Trinkhalm aufwärts blasen. Diese Arbeit macht Kindern viel Freude!
Spuckespuren tupft man am besten gleich trocken.
Die Tuschelinien lassen sich übrigens besonders gut verfolgen, wenn unter dem Transparent helles Papier liegt.
Zum Schluß geben die Kinder mit einem Pinsel etwas Farbe auf einen kleinen Naturschwamm und betupfen die Bäume in ihren jeweils typischen Farben. Nur der Winterbaum bleibt blattlos und zeigt sich im schwarzen Geäst.

Die Baumgruppe nicht an ein Südfenster hängen. Sonst bleicht das kraftvolle Sonnenlicht das bunte Transparentpapier schnell aus.

# Bunte Batik auf Papier

**Auf Batikpapier verlaufen Farben besonders schön. Und für Kinder ist es richtig spannend zu sehen, wie sich verschiedene Farben ausdehnen und mischen.**

## Einstimmung

Ein kleines Sommerfest im Freien kann Anlaß sein, Kinder an Batikpapier heranzuführen: Denn damit lassen sich schöne bunte Tischlaternen und duftige Schmetterlinge basteln. Aber auch ein Erlebnis mit einem Schmetterling, den die Kinder Blume zu Blume flattern sehen, mag anregen, zarte Falter aus feinem Batikpapier zu gestalten.

Batikpapier; Wasserfarben; Pinsel; Zeitungspapier; Bügeleisen; Schere;
für den Schmetterling: Biegeplüsch;
für die Tischlaterne: Verpackungsschachtel; Klebstoff

## SCHMETTERLING

### Gestaltungsvorschlag

Für einen Schmetterling wird ein Quadrat von etwa 10 x 10 cm aus Batikpapier zugeschnitten. Dieses wie ein Taschentuch zweimal falten, so daß ein kleines Quadrat entsteht, dann zu einem Dreieck legen.
Nun kommt der schönste Teil:
Mit einem Pinsel wird Farbe auf die Vorder- und Rückseite des Papiers getupft, bis es ganz durchtränkt ist. Wenn möglich vorne und hinten jeweils den gleichen Farbton wählen. Das eingefärbte Dreieck kurz zwischen Zeitungspapier legen, um die überschüssige Farbe auszudrücken.

Das Auseinanderfalten des noch feuchten Papiers erfordert Fingerspitzengefühl, denn es soll ja nicht einreißen. (Hier brauchen jüngere Kinder Hilfe.) An den Faltkanten wirken die Farbverläufe wie „gespiegelt".
Das Papier wird auf einer Unterlage getrocknet, später gebügelt.
Man faltet das Papier auf die Hälfte zusammen und kann nun die Form eines Schmetterlingsflügels ausschneiden. Beim Auseinanderfalten erscheint der ganze Schmetterling.
Er wird zwischen ein doppelt gelegtes Stück Biegeplüsch, das den Schmetterlingskörper bildet, geschoben. Den Draht oberhalb des Körpers etwas zusammendrehen, und die Enden als Fühler auseinanderziehen. Damit sie zarter als der Körper erscheinen, kann etwas Plüsch abgeschnitten werden.

### Weitere Ideen

- Wer Freude an den Schmetterlingen findet, kann gleich mehrere anfertigen und sie als Tischschmuck verwenden.
- An Fäden aufgehängt, können sie einen grünen Zweig schmücken.
- Ein einzelner Schmetterling, der an einem Bastelstab befestigt ist, wird zu einem schönen Pflanzenstecker.
- Und Schmetterlinge an Trinkhalmen finden bei Kinderfesten Bewunderung.

## TISCHLATERNE

### Gestaltungsvorschlag

Eine Pappschachtel gibt den Körper der Laterne. An jeder Seite ein Fenster ausschneiden, dann die Außenwände mit Wasserfarben bemalen.
Später werden eingefärbte Batikpapiere in die Fenster geklebt. Die Papiere können quadratisch oder rechteckig sein; gefaltet und gefärbt werden sie wie der Schmetterling.

### Weitere Ideen

- Aus gefärbten Batikpapieren können Kinder auch Briefkarten und Geschenkanhänger gestalten.
- Mit einem runden, ovalen oder rechteckigen Rahmen aus farbigem Karton werden Batikpapiere zu schönen Fensterbildern.
- In Miniatur geben Bilder mit einem runden Rahmen aus goldener Pappe dekorativen Schmuck für den Weihnachtsbaum ab. Kleine Batikbilder mit ovalen Rahmen in Rot oder Gelb können Frühlings- und Ostersträuße schmücken.

# Eine eigene Druckerei

**Ganz schön spannend kann es sein, sich eine eigene Druckerei anzufertigen. Und dann mit selbstgemachten Stempeln Türschilder, Bilder oder Töpfe zu bedrucken.**

### Einstimmung

Drucken läßt sich mit vielen Gegenständen. Sogar unsere Fingerspitzen, eine Hand, ein Fuß eignen sich für Abdrucke. Und liegen erst einmal Pappröhren und Kartonstreifen in verschiedenen Stärken, Moosgummi, kleine Schwämme, Holzabfälle und Wasserfarben auf dem Tisch bereit, sind Kinder schnell zu begeistern, kleine Druckstempel zu basteln und auszuprobieren.

## BLUMENTÖPFE

Blumentöpfe; Plakafarbe; kleiner Schwamm

### Gestaltungsvorschlag

Auf einen sauberen Blumentopf wird mit einem Schwamm – möglichst einem großlöchrigen Naturschwamm – dicht an dicht Plakafarbe getupft. Immer wieder Farbe aufnehmen, und zwar nur auf die Schwammoberfläche, damit die Poren frei bleiben und beim Drucken Strukturen hinterlassen.
Mit einem solchen Schwamm zu drucken ist besonders einfach – aber effektvoll.

## HOLZBILDER & TÜRSCHILDER

Holzbrettchen; Holzabfälle; Wasserfarbe; Borstenpinsel; Moosgummireste, Pappröhren, dicke Kartonstücke u.ä.; Schere; Klebstoff; Klarlack

### Gestaltungsvorschläge

Besonders kreativ werden Kinder beim Bedrucken ebener Flächen sein, denn hier eignen sich alle möglichen Stempel. So lassen sich aus Moosgummiresten gleicher Stärke einfache Formen ausschneiden und auf kleine Holzabfälle kleben. Zusätzlich können Pappröhren und die Kanten von Pappstreifen als Stempel genommen werden. Mit Wasserfarbe bestrichen, drucken diese Stempel auf Papier, Pappe und auch auf Holz.
Wer die Möglichkeit hat, kann sich in einer Werkstatt Holzscheiben zusägen lassen; ansonsten bieten sich Vesperbretter aus Holz zum Bedrucken an. Werden sie mit einem Namen versehen, ist schon ein Türschild fertig.
Wer mag, kann die Holzbilder und Türschilder noch mit Klarlack überziehen.

### Weitere Ideen

- Mit Druckstempeln aus Holz, Moosgummi, Schwamm und Pappe können auch Dosen und Schachteln von Verpackungsmaterial gestaltet werden.
Besonders große Käseschachteln erhält man auf Anfrage in Käsefachgeschäften kostenlos. Mit einem Schwamm bedruckt und innen mit Seidenpapier ausgelegt, werden sie zu hübschen Geschenkschachteln, in denen man beispielsweise im Advent Fenstersterne, Gebäck oder Christbaumschmuck verpacken und verschenken kann.
- Bilderrahmen aus unbehandeltem Holz lassen sich mit goldener Plakafarbe und einem Schwamm dekorativ gestalten.
- Spankörbe werden zu schönen „Übertöpfen" für blühende Pflanzen, wenn man sie mit passenden Farben betupft.

DOMINIQUE

# Fantasiereisen mit Farben & Wasser

**Kinderleicht zu bewerkstelligen ist die „Kunst von der Glasscheibe". Mit ihr lassen sich tolle Bilder gestalten und Fantasiereisen unternehmen – zum Beispiel unter Wasser.**

## Einstimmung

Legen Sie sich mit den Kindern entspannt auf den Boden. Erzählen Sie von einem Spaziergang ins Reich der Wassernixen. Dabei können Sie Ihrer Fantasie freien Lauf lassen und mit den Kindern auf eine Reise unter Wasser gehen. Oder setzen Sie sich an einem wolkenreichen Tag mit den Kindern ins Freie, um Wolkenbilder zu betrachten.
Bilder ähnlicher Art, die zu Fantasiereisen einladen, lassen sich mit Glasscheibendruck erzeugen.

Glasscheibe oder alter Spiegel, 30 x 40 cm oder größer; Wasserfarben; breiter Pinsel; Kalenderblätter mit glänzender Rückseite.

## Gestaltungsvorschläge

◎ Eine Glasscheibe – sie muß mindestens so groß sein wie die Kalenderblätter, die man bedrucken möchte – mit Wasserfarben einfärben. Dabei viel Farbe und viel Wasser verwenden.

Auf die noch nasse Glasfläche die unbedruckte Rückseite des Kalenderblattes legen, und mit der flachen Hand über das Papier streichen. Nun das Blatt langsam wieder abziehen – gleichmäßig oder ruckweise – und zum Trocknen auf eine Zeitung legen.
Die Art, wie sich die Farben auf der Scheibe verteilt haben und wie das Blatt dann abgezogen wurde, sind ausschlaggebend für die Muster und die Färbungen auf dem Papier.
Für Meeres-Fantasien eignen sich Blau- und Grüntöne. Sie können mit dem nassen Pinsel auf der Scheibe gemischt werden.

◎ Für ein Bild mit einer Fischgruppe wird zunächst ein eingefärbtes Blatt Papier als Meer ausgewählt. Aus einem anderen Papier, das sich farblich gut abhebt, schneiden wir ein Quadrat von etwa 15 x 15 cm. Hieraus gestalten wir nun die Fische:
Das Quadrat über Eck halbieren, so daß wir zwei Dreiecke erhalten. Ein Dreieck bildet das große Vorderteil des ersten Fisches.
Das zweite Dreieck wird nochmals halbiert; dabei von der Mitte seiner längsten Seite zur gegenüberliegenden Ecke schneiden. Eines dieser kleinen Dreiecke ist die Schwanzflosse für den ersten Fisch.
Das verbleibende kleine Dreieck wird wieder in zwei gleiche Hälften geteilt. Eine Hälfte bildet nun das Vorderteil des zweiten Fisches; das übrige Dreieck wird wiederum halbiert …
So entstehen durch fortlaufendes Teilen vier oder mehr Fische. Zum Schluß bleibt nur ein winziges Dreieck übrig, das als Fischfutter auf dem Meeresboden seinen Platz findet.

## Weitere Ideen

◎ Wer auf seinem Bild einzelne fantastische Figuren erkennt, kann die Konturen mit einem Fineliner oder goldenen Stift nachziehen.
Auf ein farblich passendes Tonpapier geklebt, entstehen kleine Kunstwerke.

◎ Fantasievolle Meeresbilder eignen sich auch für Gruppenarbeiten: Aus verschiedenen Abzügen können einzelne Meereswesen, Wellen und Wogen herausgeschnitten und auf einen anderen, großen Abzug aufgeklebt werden.

# Mit Wachskreide

**Mit Wachsmalkreiden läßt sich mehr machen als nur malen. Kratzbilder und Prägedruckmotive sind kleine Zaubereien, die Kindern Freude bereiten.**

### Einstimmung

Kinder lieben Zauberkunststücke. Zeigen Sie ihnen „schwarze Kunst", nämlich wie man aus schwarzem Papier bunte Bilder zaubern kann. Oder wie auf weißem Papier plötzlich ein naturgetreues Herbstblatt erscheint.
Auch über die Technik, Eier mit warmem Wachs einzufärben, staunen Kinder. Und mit Eifer sind sie dabei.

## BUNTE BILDER KRATZEN

Malpapier; Wachsmalkreide, Stifte oder Blöcke; Tusche in Schwarz und Pinsel; Zahnstocher o.ä.

### Gestaltungsvorschläge

Zuerst wird ein Blatt Papier mit Wachsmalkreide bunt bemalt. Die Farbe sollte dick und dicht aufgetragen werden. Kinder können dies gut bewältigen, wenn sie genügend Zeit haben. Deshalb ruhig mehrere Tage dafür einplanen. Das bunte Bild mit einem Pinsel und schwarzer Tusche ganz übermalen.

Etwa fünf Minuten trocknen lassen. Anschließend kratzen die Kinder mit einem spitzen Holzstäbchen Motive ein, die dann bunt hervorschauen. Mit diesen Bildern lassen sich Briefkarten gestalten; und Käse- oder Pralinenschachteln werden zu hübschen Geschenkschachteln.

Für jüngere Kinder sind Wachsmalblöcke besser geeignet als Stifte.

## KALENDER

Malpapier; Wachsmalkreide; Streifen fester Pappe, etwa 10 x 20 cm; Abrißkalender; Klebstoff; Schere; Aufhängefaden; für Herbstblatt-Kalender: gepreßte Blätter; für Kalender mit bunten Kreisen: Radiergummi

### Gestaltungsvorschläge

**Herbstblatt-Kalender:** Ein gepreßtes Blatt liegt mit der glatten Seite auf dem Tisch, darauf kommt ein Bogen Papier. Streichen wir mit einem Wachsmalblock darüber, wird das Blattgerippe sichtbar. Der nächste Farbton kann aufgetragen werden.

Meist brauchen Kinder ein wenig Übung, damit das untergelegte Blatt nicht verrutscht.
Das gestaltete Papier können sie dann auf Pappe kleben und darauf einen Kalenderblock anbringen. Die Rückseite wird noch mit einem Aufhängefaden versehen und mit Papier verkleidet.

**Kalender mit bunten Kreisen:** Kinder können mit Wachsmalkreide auch bunte Kreise auf Papier malen und einen schwarzen Punkt in die Mitte setzen. Mit einem Radiergummi ziehen sie nun immer wieder Strahlen von innen nach außen.

### Weitere Ideen

Kinder haben großen Spaß daran, mit der Prägedrucktechnik zu experimentieren: Als Unterlage eignen sich beispielsweise auch Tortenspitze, geklebte Kordelbilder, flache Strohsterne. Und mit Münzen läßt sich leicht Spielgeld anfertigen.

## OSTEREIER

ausgeblasene Eier; Bastelspieß; 2 Gummiringe oder Korkscheiben; Wachsmalstifte; Kerze

### Gestaltungsvorschlag

Ein Ei auf einen Bastelspieß stecken, oben und unten mit Gummiband oder Korkscheiben arretieren.
Das Kind hält nun mit der einen Hand den Spieß, mit der anderen hält es einen Wachsmalstift dicht an eine Kerzenflamme (nie in die Flamme). Sobald das Wachs schmilzt, wird es auf das Ei getropft. (Kinder sollten das Stäbchen mit möglichst großem Abstand zum Ei halten, damit ihnen nicht versehentlich ein heißer Wachstropfen auf die Hand fällt.)
Das Ei läßt sich so Punkt für Punkt einfärben. Bei zwei oder drei hellen Farbtönen ergibt sich die schönste Wirkung. Anschließend das Ei dicht an die Flamme halten und ständig drehen, so daß die bunten Wachstropfen ineinanderlaufen. Freie Stellen können noch nachträglich mit Tropfen gefüllt werden.
Dank ihrer dicken Wachsschicht sind diese Eier besonders robust.

# Stoffe & Reste

# Reste können Schätze sein

## EINEN SPÜRSINN FÜR KLEINE SCHÄTZE ENTWICKELN

Bevor Sie scheinbar Unbrauchbares wegwerfen, fragen Sie erst einmal Ihre Kinder, ob sie damit nicht noch etwas anfangen können. Für sie sind Woll-, Stoff- und Tapetenreste, alte Ledertaschen, dicke Kerzenstummel, gerissene Perlenketten oder Verpackungsschachteln oft wahre Schätze.

So können aus zwei leeren Kaffeedosen und zwei Metern Kordel ein paar Stelzen werden. Und aus kleinen bunten Stoffresten mag eine Lumpengirlande zum Kinderkarneval oder für ein Gartenfest entstehen: Man braucht einfach nur Wäschestücke (etwa A4-Größe) auszuschneiden und mit Büro- oder Wäscheklammern an eine gespannte Schnur zu hängen. Vielleicht werden die kleinen Hemden und Hosen vorher auch noch mit Tortenspitzen verziert …

Wer einmal angefangen hat, mit kostenlosem Material zu spielen und zu basteln, entwickelt schon bald einen richtigen Spürsinn für Brauchbares. Da finden sich im Haushalt nicht nur kleine und große, runde und eckige Schachteln und Dosen, sondern auch Pappröhren und Eierkartons, bunte Blätter und Papprücken von Kalendern, Reste von Geschenkpapier und Bändern, Wellpappe und Schaumgummi, Obstnetze und Flaschenkorken, Knöpfe, alte Socken und einzelne Handschuhe …

Viele dieser „Fundstücke" sind viel zu schade für den Müll!

Besorgen Sie große Kartons oder Schuhschachteln. Darin können Kinder ihre eigenen Materialien sammeln.

Kinder entdecken schnell, wie gut sich Spielzeug und Raumschmuck aus Rest- und Abfallmaterial herstellen läßt. Sie haben Freude daran und können auf ihre Weise bereits einen Beitrag zur Müllverwertung leisten.

Außerdem stehen den Kindern so auch Materialien zur Verfügung, die wir ihnen sonst nicht ohne weiteres zum Basteln anbieten – wie etwa Metall oder Leder, Wolle oder Stoff.

Natürlich werden Fantasie und Kreativität hier ganz besonders gefordert und gefördert!

Die Kinder merken dabei auch, daß sich beispielsweise Stoff schwerer schneiden läßt als Papier. Deshalb sollten wir ihnen gute und scharfe Scheren zur Verfügung stellen. Darüber hinaus sammeln sie Erfahrungen mit Werkzeugen verschiedenster Art, denn für das Bearbeiten von Blechdosen oder Holzkisten benötigen sie Hammer und Zange, Raspel und Feile, Bohrer und Säge …

Wie immer gilt auch hier: Vertrauen Sie den Fähigkeiten und der Kreativität der Kinder! Geben Sie ihnen ausreichend Gelegenheit und Zeit, die Materialien und die Werkzeuge kennenzulernen.

# Von Höhlen, Piraten & schlauen Füchsen

## MIT STOFFEN & RESTEN BASTELN, SPIELEN, EXPERIMENTIEREN

### Gelegenheit und Zeit

Dieses Kapitel gibt Anregungen, was sich aus Stoff und Resten so alles machen läßt.
Wer einen guten Vorrat an verschiedensten Bastelmaterialien hat, dazu Werkzeug bereitstellt, weiß Kinder bei trübem Wetter immer zu beschäftigen. Da kommt so schnell keine Langeweile auf. Selbst das Fernsehprogramm ist kein Konkurrent mehr. Natürlich können auch Feste wie Fastnacht oder Kindergeburtstage Anlaß sein, Tisch- und Raumdekoration, Masken oder Geschenke aus Resten zu basteln.
Ein alter Tisch oder eine Holzplatte auf zwei Klappböcken wird zu einem Arbeitsplatz, den Kinder immer wieder gerne aufsuchen. Hier dürfen Arbeiten auch einige Tage liegenbleiben, bis die richtige Idee da ist. Natürlich ist es ganz wichtig, den Kindern bei alldem Gelegenheit und Zeit zu geben, mit dem Material vertraut zu werden – beim Spielen, Basteln, Experimentieren.

### Tücher und Lumpen

Möchten wir den Kindern, Stoff zum Basteln anbieten, greifen wir zunächst am besten auf abgetragene Kleidungsstücke zurück. Stoffreste gibt es aber auch preisgünstig in Warenhäusern und eventuell sogar kostenlos in großen Dekorationsläden.

Viel Freude haben Kinder, wenn man ihnen zum Spielen große Tücher gibt: alte Tischdecken, verschlissene Bettücher oder Gardinen. Ganze Höhlen und Gewänder lassen sich damit gestalten. Ein Bettuch, in Gruppenarbeit mit Farben betupft, wird zu einer schönen Geburtstagstischdecke.
Kleine unifarbene Stoffreste, die mit Stoffarben bedruckt sind, werden zu persönlichen Tischsets.
Aus einem Stoffquadrat entsteht eine Marionette, wenn man in der Mitte den Kopf (Watte o.ä.) abbindet, an den vier Ecken je einen Faden befestigt und diese Fäden dann zu einem einfachen Spielkreuz aus Ästen führt.
Stoffreste, in Streifen gerissen und aneinandergeknotet, können zu einem Flickenteppich verwebt werden. Ein alter Fensterrahmen, der mit Schnüren bespannt ist, gibt einen guten Webrahmen ab.
Und alte Fahrradfelgen lassen sich Speiche für Speiche mit Lumpen zu einem bunten Rad ausschmücken: Schön sieht es aus, wenn Kinder das Rad im Garten antreiben. Gruppen können ganze Wettspiele veranstalten: Welches Rad rollt am weitesten? Wer fängt das Rad auf, bevor es auf dem Boden liegt? ...

### Tapeten und Geschenkpapier

Neben den vielen bunten Papieren, die es zu kaufen gibt, haben Kinder zum Basteln auch gern Musterbücher aus Tapetenläden. Nicht nur das Papier darin ist interessant, aus dem Kunststoffumschlag dieser Bücher können kleine Taschentuch- oder Brillenetuis gebastelt werden. Dafür mit einer Lochzange Löcher in die zugeschnittenen Teile stanzen und diese mit einem starken Wollfaden zusammennähen.
Die Tapetenmuster selbst lassen sich leicht zu bunten Fächern falten oder, in Streifen geschnitten, zu kleinen Matten weben.
Manche Muster von Prägetapeten bieten sich für Prägedrucke auf Stoff an. Dazu ein unifarbenes Stoffstück auf die Tapete legen und mit Wachsmalblöcken darüberstreichen. Wie durch Zauberei erscheint dann auf dem Stoff das Tapetenmuster.
Aus Resten von Geschenkpapier können Kinder bunte Motive ausschneiden und auf grundierte Dosen und Schachteln kleben. Geschmückte Schachteln bieten sich bestens zum Aufbewahren von kleineren Spielsachen oder zum Verpacken von Geschenken an.
Ausgeschnittene Bilder machen einfaches weißes Briefpapier fröhlicher. Und beklebte kleine Kartonreste eignen sich als Geschenkanhänger oder Grußkarten.

## Basteln und Spielen

Sicher werden Sie beobachten, daß Kinder beim Hantieren mit kleinen und großen Schachteln, mit Tüchern und Wollresten nicht immer gleich ans Basteln denken, sondern gerne auch mit dem Material „im Rohzustand" spielen. Das ist gut so, denn beim Spiel lernen Kinder die Eigenschaften des Materials kennen. Dabei kommen ihnen Gedanken, wie sie dieses „Spielzeug" verbessern oder ausgestalten könnten. Sie halten zum Beispiel eine Pappröhre vors Auge und spähen als Pirat in die Ferne. Und es dauert nicht lange, da stecken sie zwei Röhren zu einem Fernrohr ineinander, oder sie basteln sich noch eine Augenklappe und ein Kopftuch aus Stoffresten, um besser ausgestattet zu sein. Bestimmt muß dann auch schnell aus einem Papprest ein Säbel entstehen.
Einen schlauen Fuchs zu spielen, macht Kindern viel mehr Freude, wenn sie sich dabei hinter einer Maske verbergen. Als listiger Fuchs kann man sich so manches erlauben, was man sich sonst nicht zu tun oder zu sagen traut. Gerade Schachteln, Tapeten und allerlei Reste bieten sich an, um Masken zu basteln.
Oder die Kinder stapeln große und kleine Schachteln zu einem Turm auf. Der Bau fällt aber immer wieder leicht um. Warum also nicht Schachtel auf Schachtel kleben? Oder gar eine ganze Stadt errichten und mit den kleinen Autos aus der Spielkiste darin herumfahren? Oder eine Puppenstube aus Schachteln bauen und kleine Wollpüppchen zum Spielen basteln.
Auf derartige Ideen kommen Kinder ganz von selbst, wenn sie Zeit und Ruhe finden, das Material auch tatsächlich zu entdecken.

## Un-Ordnung muß sein

Wer die Unordnung in einer Bastelecke nicht mit ansehen will, sorgt am besten dafür, daß ein Abfalleimer sowie kleine Behälter für Werkzeuge, Hilfsmittel und Reste in der Nähe des Arbeitstisches stehen.
Mehr Freude macht Kindern das Aufräumen auf spielerische Art: So läßt sich zum Beispiel aus Eierschachteln ein Krokodil basteln, das gerne Schnipsel frißt. Und so geht´s: Eine Sechser- und eine Zehnerschachtel grün anmalen. Die kleine Schachtel wird zum Maul. In den Deckel Spitze Papier- oder Pappzähne kleben, auf den Deckel große Augen setzen. Die größere Schachtel mit Papierstreifen oder Wollfäden befestigen und mit einem Papierschwanz versehen. Schon kann das Krokodil auf dem Boden kriechen und Ausschau nach Beute halten.

Und wenn Sie den Kindern ein ganz besonderes Geschenk machen wollen, dann schenken Sie ihnen Ihre Zeit. Gesellen Sie sich immer mal wieder für ein halbes Stündchen oder länger mit an den Basteltisch, experimentieren auch Sie mit den Materialien. Da macht Ihnen das Basteln schnell Freude, und Sie werden zum einen merken, daß viele Materialien wirklich zu schade für die Mülltonne sind, und zum anderen, wie notwendig das kleine Chaos in einer Werkecke ist! Ganz sicher aber kommen Sie bei diesen gemeinsamen Aktionen den Kindern näher, lernen ihre Fähigkeiten, Schwierigkeiten und Vorlieben besser kennen und verstehen.

# Kleine Puppenwerkstatt

**Waschhandschuhe und Stoffreste eignen sich gut zum Basteln von Puppen. Kinder mögen das weiche Material und können es leicht formen. So nehmen Wichtel und Lumpenpüppchen unter ihren Händen schnell Gestalt an ...**

## Einstimmung

„Wer will fleißige Handwerker sehn?“ Kinder interessieren sich für Handwerksberufe, denn hier ist es ihnen möglich, zu verfolgen, wie ein neues Produkt entsteht. In jeder Stadt finden wir auch heute kleine Schneiderwerkstätten, wo man die Arbeit manchmal sogar durchs Fenster beobachten kann. Solch ein „Erlebnisbesuch“ macht Kindern Lust, selbst einmal in einer „Textilwerkstatt“ aktiv zu werden, etwa um Stoffpüppchen zum Spielen oder Verschenken zu gestalten.

## FROTTEEWICHTEL

Waschhandschuh; ungesponnene Schafswolle (Märchenwolle) oder Watte; Garn; Geschenkband; evtl. Glöckchen

## Gestaltungsvorschlag

Mit nur wenigen Griffen können Kinder aus einem Waschhandschuh einen Wichtel gestalten. Als erstes werden Kapuze und Kopfteil geformt. Dazu in den Waschhandschuh hineingreifen, mit der anderen Hand eine Ecke nach innen drücken. In diese Mulde ein handtellergroßes Stück Schafswolle als Kopf stecken, das Kopfteil mit etwas Garn abbinden.
Den Köper des Wichtels ebenfalls mit Wolle oder aber mit einem Apfel, mit Leckereien oder anderen Überraschungen füllen.
Zum Schluß den Wichtel noch mit einem farbigen Bändchen und einem Glöckchen schmücken.

## Lumpenpüppchen

Stoffreste; Wolle oder festes Garn; Schere

### Gestaltungsvorschlag

Für einen Puppenkörper wird ein Stück Stoff von etwa 30 x 30 cm benötigt, für die Arme ein Streifen von 15 x 30 cm. Die beiden Stoffteile rollen. Anschließend den Körper mit den Beinen und die Arme, der Abbildung entsprechend, abbinden.

Dann beginnt der für die Kinder schönste Teil, nämlich das Bekleiden der Puppe: Stoffreste können zu Hut und Kopftuch, zu Kleid, Kittel oder Hose geschneidert werden – ganz nach den Vorstellungen der jungen Schneidergesellen.

Wer will, kann den Lumpenpüppchen auch feste Gliedmaßen geben: Dazu einfach einen festen Draht in die Stoffrollen legen.

### Weitere Ideen

Stoffpüppchen lassen sich auch aus zwei oder drei Gästehandtüchern gestalten. Wer dazu noch einen Wichtel mit einem Stück Seife unterm Rock verschenkt, hat ein komplettes Geschenkset: Waschhandschuh, Seife und Handtücher.

# Gewebt & gewickelt

**Beim Rundweben und beim Einweben von Wolle, Perlen und Naturmaterial werden Kinder auf die einfachste Art mit Webvorgängen vertraut!**

## Einstimmung

Beobachten Sie einmal mit Kindern aufmerksam eine Spinne, die ihr Netz baut, oder betrachten Sie gemeinsam ein verlassenes Vogelnest: Beide Beispiele aus der Natur zeigen deutlich, wie feine Teile, nämlich Spinnfäden, Grashalme, Haare, zarte Ästchen, zu einem stabilen Ganzen werden.
Ebenso können Kinder mit Wolle, Bast oder verschiedenen Naturmaterialien weben.

## GEWEBTER FISCH

Haselnußzweig; Naturbast; (ungesponnene) Wolle; Federn, Gras und andere Naturmaterialien; Holzperlen

## Gestaltungsvorschlag

Einen dünnen Haselzweig zu einer Fischform biegen. Die Zweige an der gekreuzten Stelle fest mit Bast zusammenbinden. Fertig ist der „Webrahmen".

Das Spannen der Kettfäden aus Bast mag für manche Kinder noch ein wenig schwierig sein; das anschließende Einweben von Wolle oder Naturmaterial ist dann jedoch leicht. Hier machen Kinder schnell die Erfahrung, daß der Webvorgang nur dann gelingt, wenn das Material abwechselnd über und unter den Kettfäden durchgeführt wird und dies dann in jeder neuen Reihe in umgekehrter Reihenfolge geschieht. Sonst rutschen die Webteile ineinander.
Wer Holzperlen einweben möchte, zieht sie vorher auf einen Faden oder einen Grashalm auf.
Lassen Sie den Kindern Zeit zum Weben; vielleicht finden sie ja am nächsten Tag eine besonders schöne Feder oder entdecken in der Restekiste einen Wollfaden in ihrer Lieblingsfarbe.

## RUND GEWEBT

Flaschenkorken oder frische Kastanie; Zahnstocher; Wollreste; kleine Holzperlen

### Gestaltungsvorschlag

Von einem Korken eine etwa 1 cm dicke Scheibe abschneiden. In den Rand der Scheibe strahlenförmig elf Zahnstocher stecken (immer eine ungerade Anzahl wählen). Sie können auch in eine frische Kastanie gesteckt werden.
Die Strahlen nun mit einem Wollfaden umweben.

Zum Schluß auf die Strahlenspitzen kleine Holzperlen stecken.
Das Webstück kann nun, mit einem Aufhängefaden versehen, ans Fenster, an die Tür oder Wand gehängt werden. Wer Lust hat, bastelt aus Naturmaterial oder Blumendraht eine kleine Spinne und hängt sie dazu.
Diese kleine Webarbeit macht Kindern viel Spaß: Sie ist kurzweilig, bringt schnellen Erfolg, und das Objekt ist schön handlich, so daß es sich auch eignet, um Langeweile auf langen Autofahrten oder im Wartezimmer beim Arzt zu vertreiben.

### Weitere Ideen

Aus Wollresten lassen sich auch kleine Wollmännchen binden. Zwei Stränge werden ähnlich wie bei den „Lumpenpüppchen" (Seite 71) abgebunden. Als Kopf dient eine kleine Wattekugel (15 mm). Sie wird mit Hilfe eines Zahnstochers in den Oberkörper gesteckt. Nun noch ein Kreisviertel aus Filz zu einem Spitzhut zusammenkleben und dem Püppchen aufsetzen.

# Eierschachtel-Allerlei

**Unsere fliegenden Hexen und das Schiff mit den Matrosen haben eines gemeinsam: Sie sind aus Eierschachteln entstanden.**

### Einstimmung

In fast jedem Haushalt finden sich leere Eierschachteln. Wer sie betrachtet, entdeckt manche Unterschiede. Mal sind die „Höcker" spitz, mal abgeflacht. Auch in ihrer Größe unterscheiden sie sich. Und ganz kreative Kinder sehen mit einem Blick, was sich aus Eierschachteln machen läßt: zum Beispiel ein Kahn oder ein Zipfelrock für eine Hexe. Und wenn dann noch eine Hexengeschichte erzählt oder Seemannsgarn gesponnen wird, ist der Basteleifer nicht mehr zu bremsen.

## REITENDE HEXEN

Eierkarton; Wasserfarben und Pinsel; Biegeplüsch; Wattekugel, 35 mm ∅; Holzperle in Rot, 5 mm ∅; Stecknadel mit rotem Kopf; ungesponnene Wolle o.ä.; Stoffrest; Bast; kleiner Zweig; Klebstoff; Küchenmesser; Schere

### Gestaltungsvorschlag

Für einen Hexenrock schneiden die Kinder drei „Eiertöpfchen" aus einer Eierschachtel aus und bringen am Rand Zickzackschnitte an. Anmalen und gut trocknen lassen.
Biegeplüsch, durch ein Rockteil gezogen, bildet die Arme. Dieses Teil über die beiden anderen kleben, so daß ein Stufenrock entsteht.
Für den Kopf eine weiße Wattekugel leicht einfärben, Augen und Mund aufzeichnen. Für die Hexennase eine rote Perle auf eine Stecknadel mit rotem Kopf spießen und der Hexe ins Gesicht setzen. Haare anbringen, dann den Kopf auf den Hexenrock kleben. Die Hexe bekommt noch ein kleines Stoffdreieck als Kopftuch umgebunden. Aus kurzen Bastfäden und einem Ästchen ist schnell ein Besen gebunden.
Schon darf die Hexe den Besen besteigen. Mit den Armen aus Biegeplüsch wird sie befestigt. Und huiii geht die Reise los!

## EIERKAHN MIT MATROSEN

Unterteil einer Eierschachtel; Bastelspieß; Stoffrest; weiße, ausgeblasene Eier; blaues Papier; Gardinenring in Weiß; Wollfaden in Rot; Watterest; Filzstift; Klebstoff; Schere

### Gestaltungsvorschlag

Einen Holzspieß als Mast in einen Eierkarton stecken, einen Faden darüber spannen und am Kartonrand festbinden. Einen Stoffrest als Segel am Mast und am Faden festkleben.

Dreht man aus einem roten Wollfaden eine Kordel und legt sie um einen weißen Gardinenring, hat man bereits einen Rettungsring.
Jeder Matrose wird aus einem ausgeblasenen Ei gestaltet: Dünne Papierstreifen deuten ein Hemd an. Eine pfenniggroße Papierscheibe wird zur Mütze; ein winziger Pompon aus Watte und blaue Papierbändchen vervollständigen sie. Mit Filzstift kann ein Gesicht gezeichnet werden. Ist die Mannschaft komplett, heißt es „Schiff ahoi!"

### Weitere Ideen

- Zu den Matrosen können sich auch noch Passagiere gesellen. Dafür einfach mit Farbstiften und bunten Papierresten weitere Figuren aus Eiern gestalten.
- Ein Schiff mit hartgekochten Eiern ist ein schönes Ostergeschenk.
- Aus den „Höckern" in Eierkartons lassen sich auch Pappnasen oder ganze Masken basteln.

# Schachtel-Labyrinth

**Aus großen Schachteln lassen sich Labyrinthe für Kinder bauen, aus kleineren Schachteln Labyrinthe für Walnußmäuse. Und jedesmal geht es darum, möglichst schnell den richtigen Weg zu finden.**

## Einstimmung

Bieten Sie Kindern einmal das Erlebnis, auf einer Wiese oder in einem Turnraum durch ein großes Labyrinth zu gehen. Stellen Sie dazu viele Kartons auf, und zwar so, daß sie einen Irrgarten bilden, bei dem nur ein Weg zum Ziel, aber mehrere Wege in die Irre führen. Auf allen Vieren krabbelnd, können die Kinder nun versuchen, als Maus den Weg zum Ziel zu finden, denn hier warten kleine Käsehappen. Beim Krabbeln darf kein Karton verschoben werden. Wer schafft es – womöglich sogar, ehe die Sanduhr abgelaufen ist? Später basteln die Kinder sich dann ihr eigenes Mäuselabyrinth in Miniatur.

kleine Obstkiste aus Karton; Wellpappe; Klebstoff; Schere; evtl. Reste von Tonpapier; 2 Walnußschalen; 2 kleine Murmeln

## Gestaltungsvorschlag

In der Labyrinthkiste Start (Mäuseloch) und Ziel (Vorratskammer) bestimmen. Mit etwa 3 cm breiten und 10 bis 20 cm langen Wellpappstreifen Wege auf dem Kartonboden anlegen. Dazu jeweils Klebstoff auf eine Streifenkante auftragen, etwas antrocknen lassen, dann die Streifen senkrecht festkleben. Die Wege müssen so breit sein, daß eine Nußschale hindurchpaßt.
Einige Hindernisse sollten die Wege versperren, zum Beispiel kleine Pappstücke, trockenes Moos, Korkenstücke. Es bleibt jedem Kind überlassen, ob ein Weg oder mehrere Wege zum Ziel führen.
Mit kleinen Schachteln oder Tonpapier kann ein Mäuseloch und eine Speisekammer gebastelt und in den Karton geklebt werden.
Eine Nußschale mit Öhrchen und Schwanz aus Filz oder Papierresten wird zur Maus. Die flinken Mäusebeinchen sind unsichtbar: eine Murmel, unter die Nußschale gelegt, läßt die Maus besonders schnell rennen.

## Spielideen

- Der Spieler nimmt die Labyrinthkiste in beide Hände und läßt die Maus laufen. Dabei spielt es keine Rolle, ob sie vorwärts oder rückwärts läuft: Hauptsache, sie erreicht schnell die Speisekammer. Auch bei diesem Rennen kann eine Eier- oder Sanduhr einen Zeitrahmen vorgeben.
  Und wem gelingt es, zwei Mäuse ins Ziel zu bringen?
- Statt einer Maus kann auch eine kleine Wattekugel ins Labyrinth gelegt werden, die vom Spieler ins Ziel geblasen werden muß. Der „Pustefix“ behält seine Hände während des Spiels auf dem Rücken.

# Kinderkarneval

**Masken aus Papier und Stoff und allerlei Resten: Hier feiert die Fantasie ein Fest.**

## Einstimmung

Schon einige Tage vor der Fastnachts- und Karnevalszeit erzählen wir den Kindern von alten Bräuchen: als die Menschen mit viel Lärm und gruseligen Masken Dämonen erschrecken, böse Geister und den Winter vertreiben wollten.

Noch heute finden wir Überreste dieser Traditionen. Dabei unterscheiden sich die Bräuche innerhalb Deutschlands wesentlich. Doch eines haben sie gemeinsam: Kinder beteiligen sich mit Vergnügen an diesem Fest. Und Bonbons regnet es für sie in Köln und in München.
Da kommen beim Umzug nicht nur bunte Masken, sondern auch ein Bonbon-Clown gut an.

### MASKEN

Tonpapier; Reste von Stoff, Wolle, Kordeln, Papier ...; Hutgummi oder Gummiringe; Klebstoff; Schere; evtl. Bürohefter

## Gestaltungsvorschläge

Grundmaterial für jede Maske ist Tonpapier in A4-Größe. Der schmale untere Rand wird oval zugeschnitten. Beim Kinn werden zwei kleine Einschnitte, auf Wangenhöhe rechts und links je ein Einschnitt angebracht.
Das Kind hält sich diese Grundform mit einer Hand vors Gesicht und deutet mit der anderen Hand an, wo seine Augen und Nase sitzen; diese Stellen werden mit Bleistift eingezeichnet.
Hier können jetzt Gucklöcher und für die Nasenspitze ein Schlitz eingeschnitten werden.
Nun das Papier an den Wangen- und Kinneinschnitten übereinanderlegen und festkleben oder -heften. So entsteht eine plastische Gesichtsform.
Und schon geht´s ans Ausschmücken.
Bei einer Hexenmaske kann ein etwa 160 x 40 cm großer Stoffstreifen auf die Stirnpartie geklebt und später wie ein Kopftuch unter dem Kinn gebunden werden.
Die Nasen lassen sich ganz unterschiedlich gestalten: Zum Beispiel ein Papierdreieck mit langen Schenkeln oder einen halben Papierkreis von 12 cm ∅ zu einer Nase zusammenlegen. Oder eine halbe Papierkugel rot einfärben.
Die Haare können aus Woll- oder Kordelresten, aber auch aus bunten Papierbändern sein. Augen und Mund lassen sich mit weißen und roten Papierresten besonders hervorheben.
Mit Hilfe von Hutgummi oder zwei Gummiringen können Kinder die Masken aufsetzen.

## BONBONCLOWN

Kartonrest; Netz von Orangen oder Zitronen; Wachsmalkreide; breites Geschenkband; Klebstoff oder Bürohefter; Schere

### Gestaltungsvorschlag

Den Umriß eines Suppentellers auf Karton zeichnen, den Kreis ausschneiden und ein Clowngesicht aufmalen. Wichtig dabei ist nur, daß der Mund besonders groß wird.
Den Mund ausschneiden. Mit Doppelklebeband oder einem Hefter auf seiner Rückseite ein Orangennetz befestigen.
Ein Geschenkband dient zum Umhängen.
Wer beim Karnevals- oder Faschingsumzug mit einem Bonbonclown ausgestattet ist, hat immer beide Hände frei, um Bonbons zu fangen und den Clown damit zu füttern.

# Pappmaskerade

**Kaum noch zu erkennen sind Kinder mit einer Teufels- oder Fuchsmaske.
Dabei lassen sich solche Masken ganz schnell machen. Zum Beispiel aus Kartonresten und Eierschachteln.
Das wichtigste sind auch hier die guten Ideen.**

## Einstimmung

Nicht nur zum Karneval, sondern auch unterm Jahr verkleiden sich Kinder gerne. In Rollenspielen finden sie Gelegenheit, besondere Erlebnisse oder erzählte Geschichten und Märchen nachzuspielen und zu verarbeiten.
Dabei genügen ein paar große Tücher, Hüte oder Masken für die Kostümierung.
Wir Erwachsene können ruhig darauf vertrauen, daß die verschiedenen Materialien die Fantasie der Kinder anregen. In dem hier gezeigten Beispiel wurden Kinder von Kartonresten und Eierschachteln inspiriert, eine Teufels- und eine Fuchsmaske zu basteln.
Gewiß haben Kinder noch weitere Ideen, wenn erst einmal Pappreste, Eierschachteln, Farben und Schere vor ihnen liegen.

## FUCHSMASKE

Pappe aus einer Strumpfverpackung; Eierkarton; Wasser- oder Plakafarbe und Pinsel; evtl. Besenhaare o.ä.; Hutgummi oder Gummiringe; Schere; Klebstoff

### Gestaltungsvorschlag

Auf heller Pappe ein Oval und zwei Dreiecke als Ohren zeichnen – schon ist das Grundmuster für eine Fuchsmaske fertig.
Für Augen und Nase Löcher einschneiden.
Einen „Höcker" aus einer Eierschachtel als Fuchsnase aufkleben.
Die Maske bemalen.
Unter die Fuchsnase können als Schnauzhaare Borsten aus einem Handfeger geklebt werden.
Mit Hilfe von Hutgummi oder von Gummibändern läßt sich die Maske umbinden.

### Weitere Ideen

Mit dieser ovalen Grundform lassen sich noch weitere Masken gestalten.
- Färbt man die ovale Grundform grau ein und setzt lange, spitze Ohren an, entsteht eine Eselsmaske. Kinder, die richtig „echt" aussehen möchten, tragen dazu einen grauen Jogginganzug und dunkle Socken an Händen und Füßen.
- Zu einer Katzenmaske gehören – ähnlich wie beim Fuchs – eine Eierkartonnase und kleine spitze Ohren. Die Maske kann weiß oder schwarz gefleckt werden. Wer dazu schwarze Leggins, ein weißes T-Shirt und vielleicht noch weiße Handschuhe anzieht, hat ein komplettes Katzenkostüm. Ein mit Watte ausgestopfter Kniestrumpf könnte als Schwanz am Shirt angenäht werden.

## TEUFELSMASKE

10er Eierschachtel mit Deckel; Wasserfarben und Pinsel; Klebstoff; Schere; Bürohefter; Hutgummi oder Gummiringe

### Gestaltungsvorschlag

Schnell können Kinder einen Eierschachteldeckel und „Höcker" aus einem Eierschachtelboden zu einer Teufelsmaske zusammenbauen.
Zunächst werden drei „Höcker" rot bemalt und der Deckel schwarz.
In Augenhöhe kommen Löcher in den Deckel. Am oberen Rand, dort wo später die Hörner sein sollen, zwei Einschnitte anbringen; die Ränder an jedem Einschnitt leicht übereinanderlegen und zusammenheften, damit sich der Schachteldeckel der Kopfform anpaßt.
Die „Höcker" als Nase und Hörner aufkleben – und schon ist eine Teufelsmaske fertig.

### Weitere Ideen

Aus einem braun-weiß bemalten Eierschachteldeckel läßt sich leicht eine Stier- oder Kuhmaske basteln: Als Hörner eignen sich „Höcker“ aus dem Eierschachtelboden.

Diese „Höcker“ grau bemalen und dann je zwei zu einem Horn übereinanderkleben. Außen neben den Hörnern Ohren aus einem Kartonrest anbringen.

Ein brauner Pulli mag die Verkleidung vervollständigen. Ein ausgestopfter Kniestrumpf wird zu einem Schwanz, Papierschnipsel am Schwanzende bilden eine Kuhquaste.

## Bücher für Ihre Hobbys:

Stoff- und Seidenmalerei, Malen und Zeichnen, Keramik, Floristik

## Bücher zum textilen Handarbeiten:

Sticken, Häkeln und Patchwork

## Die Autorin

**Renate Ferrari**, 1953 in Würselen, Landkreis Aachen, geboren, hat nach ihrer Ausbildung als Erzieherin fünfzehn Jahre einen Kindergarten in der Nähe von Freiburg geleitet. Nach der Geburt ihres Sohnes gab sie ihren Beruf auf und war vielen Kindern eine wertvolle Tagesmutter. Seit sechs Jahren ist sie Chefredakteurin der Elternzeitschrift „mobile" (Verlag Herder) und arbeitet als Referentin bei verschiedenen Elternseminaren.
Im Christophorus-Verlag hat sie das Buch „Bald komm' ich in die Schule. Ein Eltern-Kind-Begleiter zur Vorbereitung auf die Schule." veröffentlicht.
Renate Ferrari lebt heute mit ihrem Mann und ihrem Sohn in Frankreich.

Den Kindern Anna Emmerich, Elisabeth und Anna Martin, Alexander Pape, Daniel Wirsing, Dominik Ferrari, Ursula Krause und meiner Mutter herzlichen Dank für die Unterstützung beim Entstehen dieses Buches.


Printed in Belgium

ISBN 3-419-52888-4



Fotos und Styling: Christoph, Schmotz, Freiburg
Umschlaggestaltung und Layoutentwurf: Network! München
Layout und Gesamtproduktion: Print Production, Umkirch
Herstellung: Proost, Turnhout 1997